JN077080

Digital Marketing Handbook

図解

デジタル マーケティング・ ハンドブック

Kartz Media Works
カーツメディアワークス

石黒孝昇［執筆］

日本能率協会マネジメントセンター

はじめに

　マーケティングにおけるデジタルの重要性は年々高まっています。2019年には、検索連動型広告やディスプレイ広告などに代表されるインターネット広告費が、長年にわたってメディアの王様に君臨してきたテレビの広告費を追い抜いたことが『2020年 日本の広告費』（電通）でレポートされました。

　その前年の2018年には博報堂DYメディアパートナーズ メディア環境研究所が「メディア定点調査2018」内で、PCやスマホ携帯電話、タブレットでのメディアとの接触時間が、テレビ・ラジオ・新聞・雑誌の総計を上回ったことを報じています。

　これらの調査結果は、今後はデジタルを中心としたマーケティング活動が一層進展していくことをはっきりと物語っています。

　ただ、デジタルによってマーケティングのあり方が変革していくものの、人間の心理は普遍です。人間が情報を認識し、興味を抱き、欲するという一連のプロセスは、時代が進んでも変わることはないはずです。

　こうした観点から本書は、人間の心理や行動の原則を踏まえたうえで、デジタルマーケティングの初歩的な知識から実践的な技術までを図解を使って解説し、日々の業務に役立つよう、実務者のためのガイドブックとして刊行するものです。

　理論と実践を根底に置いていますが、実務において「どう活かせるか」を重視していることで、やや実践に比重がかかっていることが特徴かもしれません。

　ぜひ、デジタルマーケティングに取り組むうえでのガイドとして活用していただくとともに、デジタルマーケティングに対する理解を深めるきっかけにしていただければ幸いです。

第 **2** 章 ||||||||||||||||||||||||||||||||||||||||||||||||||||||||||||||||||||||||

ホームページで広く発信するオウンドメディア

第 **3** 章 ||||||||||||||||||||||||||||||||||||||||||||||||||||||||||||||||||||||||||||||||||||||

双方向コミュニケーションのソーシャルメディア

第 **4** 章 ||||||||||||||||||||||||||||||||||||||||||||||||||||||||||||||

集客・成約を促すペイドメディア

第 **5** 章 ┃┃

広報・PR主体のアーンドメディア

本書は2016年4月弊社刊行の『あたらしいWebマーケティングハンドブック』を最新情報に刷新したうえで、新たな項目を加えて再刊行したものです。

第 1 章

デジタルマーケティングを
はじめる準備

1 デジタルマーケティングとは何か

インターネットやIT技術、AIなどのデジタル技術を活用したマーケティング手法のこと

デジタルマーケティングとは、インターネットやIT技術、AIなどのデジタル技術を活用したマーケティング手法の総称です。そのカバー範囲は広く、Webサイトやソーシャルメディアにとどまらず、リアル店舗でのデジタルサイネージ広告、リアルとネットを融合させたオムニチャネルを活用したマーケティング活動もデジタルマーケティングの一種といえます。

一方、Webマーケティングは、Webサイトを活用して問い合わせや購買など成果を上げるための諸施策のことです。Webサイトの作成やWebサイトへの誘導を促すSEO対策、ユーザーに商品・サービスの理解促進を図るためのコンテンツ作成などが含まれます。

また、コンテンツマーケティングは、コンテンツ（情報の中身）を発信して、問い合わせや購買など成果を上げるための諸施策のことです。ホームページに代表されるオウンドメディアでの情報発信が中心ですが、SNSや動画プラットフォーム、複雑な情報をシンプルなビジュアルで紹介するインフォグラフィックスなどの活用もコンテンツマーケティングとされています。

Webマーケティングとコンテンツマーケティングはともにデジタル技術を活用することから、デジタルマーケティングの一部として位置づけられています。

幅広い概念のデジタルマーケティングの特長はカバレッジ（網羅率）の広さとターゲティング精度の高さにあります。そして、データの取得と分析が比較的容易に行えるため、個人の年齢・性別・居住地といったデモグラフィック情報（性別、年齢、地域などの基本的な情報）や趣味嗜好に合わせてのワントゥワンマーケティングに適しています。

‖‖ デジタルマーケティングの概念図 ‖‖

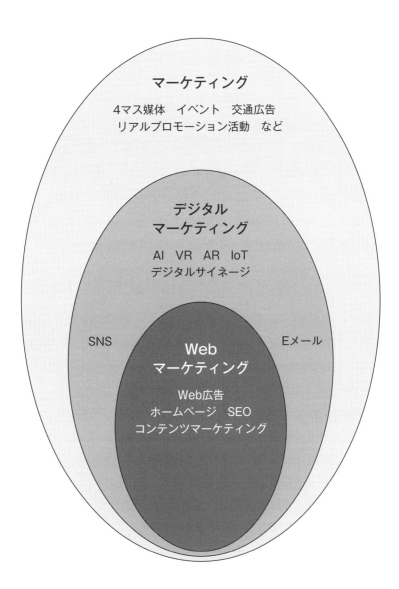

マーケティング

4マス媒体　イベント　交通広告
リアルプロモーション活動　など

デジタル
マーケティング

AI　VR　AR　IoT
デジタルサイネージ

SNS

Web
マーケティング

Web広告
ホームページ　SEO
コンテンツマーケティング

Eメール

あらゆる領域で活用される
デジタルマーケティング

採用活動やCSなど以外でも、デジタルマーケティングの手法が活用できる領域が今後はますます増えていく

デジタルマーケティングの技術や考え方は、マーケティング以外の業務へも大きく広がっています。

①採用マーケティングでの活用

これまでの採用活動は、採用媒体やHP、採用イベントなどを通して広く人材募集を行い、候補者と面談し、合否を判定するという方式です。これが、デジタルマーケティングの手法を応用することで、より効率的な採用活動を果たすことができます。

たとえば、新卒の学生で即戦力となるデータアナリストを採用したいとしたとき、FacebookやTwitterなどのソーシャルメディアを活用すれば、ピンポイントで条件に当てはまる学生を探すことが可能です。

また、希望するスキルを持つ人材の採用では、該当する人材の就職活動のプロセスに合わせたタッチポイントに採用広告や採用PRに関するコンテンツを配信する方法などがあります。

②顧客起点マーケティングの強化

カスタマーサポート（CS）といえば、コールセンターでの対応など人を介したコミュニケーションが中心ですが、デジタルが担う部分が拡大してきています。

従来では、ターゲットユーザーにサンプルを送る、アンケートに応えてもらうなど、特別な招待をしていましたが、デジタルマーケティングであれば、特別なコンテンツを用意する（購入者特典の限定ライブなど）、限定オンラインクーポンを送る、パーソナライズされた提案をするなどといったことが事前に設定したシナリオやAIによるレコメンドでより緻密に行えます。

|||| デジタルマーケティングの広がり ||||

採用活動

従来型
- 採用媒体に広告出稿
- HPに採用情報を掲載
- 採用イベントに出展

デジタルマーケティング型
- SNSでリサーチ
- 就活用接触媒体に出稿
- 動画コンテンツ配信
- SNSで採用情報を発信

顧客起点

従来型
- コールセンターで対応
- 販売店で対応
- サンプル送付
- アンケート回収

デジタルマーケティング型
- 購入者特典コンテンツを用意
- 限定オンラインクーポンを用意
- パーソナライズした提案の実施

COLUMN | デジタルマーケティングの未来

　企業と消費者をつなぐコミュニケーションの主力はスマホが中心になってきています。スマホ上でオウンドメディアの閲覧をしたり、SNSによる双方向のコミュニケーション、アプリ上での情報通知などが日常になっています。

　それが今後はスマホは必要なくなり、スマートグラス（もしくはコンタクトレンズのようなスマートレンズ）から画面をタップすることなく情報を入手できるようになるかもしれません。商店や商業施設もごく一部だけが残り、VRを通した商店での仮想現実の空間でショッピングを楽しんだり、免許証が必要ない自動運転の世界も訪れつつあります。

　また現在では、オンラインでの接客や店舗体験など、オフラインでできることがデジタルで再現されようとしています。よって、今後はオフラインとオンラインの主従関係が逆転して、オンラインではできないことをオフラインがカバーすることが普通になっていくと思われます。

　デジタルシフトはさらに急速に進んでいきます。**現在の当たり前が1年後には過去のことになっていくのです。**

3 デジタルの領域拡大に対応する

音声メディアなど常に新しいメディアを研究し、変化・拡大するデジタルマーケティングに柔軟に対応する

近年、新しい音声メディアが登場し、マーケティングのあり方を大きく変革する可能性が出てきています。とくにstand.fm（スタンドエフエム）やVoicy（ボイシー）などの「音声配信サービス」と、Clubhouse（クラブハウス）やnote（ノート）などの「音声SNS」の利用者の急増には注目すべきでしょう。

音声メディアが注目されている背景を見ていきましょう。デジタル産業の調査会社デジタルインファクト調べによると、**日本国内のデジタル音声広告の市場規模は2020年には16億円ですが、2025年には420億円にまで拡大すると予測されています**。この急成長の背景として、アメリカでも日本でもスマートフォンだけでなく、スマートスピーカーが普及してきたことや、リモートワークによって在宅時間が長くなったことが影響していると思われます。

Googleの調査では、YouTubeの2020年3月時点のユーザー数は月間20億人以上で、このうちの15％ほどが画面を見ていないという結果が出ています。このことからも、音声のみのニーズは非常に高く、今後大きな需要が見込めることがわかります。

そして**音声メディアの発信側にとっての最大のメリットは、コスト面です。制作費が動画などに比べて安価なため、広告の量産も可能です**。

一方、**ユーザーにとっては、音声を聴きながら、仕事や家事、運動などができる便利さがあります**。

企業の活用事例として、英国でSpotifyがコスメブランドNARSと組み、音声アクティベート広告技術の試験を開始したことがあります。これはユーザーがスマートスピーカーから流れる音声広告に向けて口紅やマスカ

ラなどのサンプルをリクエストすると配送してもらえる取り組みです。

　日本では音声SNS「Clubhouse」のビジネスでの活用事例があります。ブロックチェーンベンチャーのLayerXが2021年1月にClubhouseを使った採用イベントを実施し、300人以上のリスナーが同社経営陣の会話を聴きながら質疑応答するというもので、採用マーケティングの可能性を広げる取り組みです。ブライダル関連企業のCRAZYでは、ユーザーが参加しての新商品企画会議をClubhouse上で実施しました。

　音声メディアはTwitterのスペース機能やFacebookのルーム機能なども登場しており、今後はより一層、マーケティングに活用されていくものと予想されます。

|||| 主な音声SNS ||||

stand.fm

特別な審査はなく、誰もが手軽に収録音声の配信やライブ音声配信ができる。ゲストを招待して一緒に録音するコラボ機能や、質問やメッセージをやり取りしながらファンと交流できるレター機能などがある。

Voicy

著名人やインフルエンサーなど、選ばれたパーソナリティが音声配信をする。500以上のチャンネルがあり、エンタメ、ビジネスから家事・子育てまで、様々な専門家が情報を発信している。

Clubhouse

2020年4月に米国でローンチされ、日本では2021年1月からサービスが開始された。参加した「ルーム」内のユーザーと会話することができる。誰でも参加できるオープンタイプと、非公開型のクローズタイプがある。

note

主にクリエイターが文章や写真、イラストを投稿するプラットフォームのnoteでも音声配信が可能。収録かファイルアップロードのいずれかの方法で音声を投稿する。

|||| 4   デジタルと既存メディアの融合を図る

最新のテクノロジーと、変わらないマーケティングの本質を理解することで有効性を高める

　デジタルマーケティングを語るうえで、SEOやリスティング広告、動画マーケティングなどのキーワードは避けて通れません。Googleを中心としたこれらのテクノロジーがデジタルマーケティングをここまで押し上げ、マーケティングを行ううえで不可欠なものにしてきたということは言うまでもないでしょう。

　しかし、いまの時代、Googleの領域だけでは不十分な世の中になっています。いまや世界中の人々がFacebookやInstagram、TikTokに自身のアカウントを持ったり、LINEやWeChat、WhatsAppなどの無料メッセージ&通話アプリを使ってコミュニケーションするのが日常になっています。つまり、Googleから外にある世界へと足を踏み出したのです。

　さらに言えば、ブランディングを含め、マーケティングはデジタル領域だけでは不十分です。オンラインフードデリバリーサービス「Uber Eats（ウーバーイーツ）」や宿泊予約サービス「Airbnb（エアービーアンドビー）」に代表される巨大IT系スタートアップ企業は、スマホだけで完結する新時代のWebビジネスですが、その評判をより多くの人に広げているのは、リアルなクチコミであったり、既存のマスメディアが報じるタイミングであったりします。

　結局、**マーケティングの本質は、消費者に商品を「認知」し、「興味」を持って、「購買」してもらうという行動の流れは、時代やテクノロジーがどんなに変遷しても変わることはないでしょう。**

　マーケティングの役割は「売れる仕組みづくり」です。最終的な購買という行為をしてもらうために、本質を理解しながら、最適な仕組みをつくっていくことです。

‖‖ マーケティングの変遷 ‖‖

1960年代	交通広告／新聞広告／ラジオ広告／看板広告
1970年代	マスメディア広告時代の到来 大量生産／大量消費
1980年代	差別化時代／ブランディング 新聞・ラジオ・テレビ媒体の隆盛 パブリックリレーションズの一般化
1990年代	ワントゥワンマーケティング インターネット時代到来 バナー広告、クリック保証型広告の登場 ホームページ時代 デジタルマーケティング時代の到来
2000年代	Google-リスティング広告&SEO 検索連動型広告 ソフトウェアからアプリケーションへ
2010年代	クラウドコンピューターの普及 スマートフォン／ソーシャルメディア時代 アドネットワーク・ディスプレイ広告など アドテクノロジー時代 アプリ広告／Facebook広告 ビッグデータ解析 デジタルPR コンテンツマーケティング 動画広告 シェアリングエコノミー
2020年代	ディープラーニング／人工知能／AIによる自動化

|||| 5　　コンプライアンス問題に関心を抱く

著作権侵害や個人情報保護違反などコンプライアンス問題への対応もマーケターとして重要な役割だと認識する

　マーケターとして備えておくべき大切なことが、著作権や個人情報保護の知識です。これらに無知なことで違法行為と知らずに行えば、自社及び関係者に損害を与えることになりかねません。実際に裁判沙汰になれば、金銭と時間、そして社会的な信用を失うことになります。

　著作権とは、写真・イラスト・音楽・文章など（著作物）を創作した人（著作者）が保有する権利のことです。たとえば、著作者以外の人が著作者の許可を得ずに著作物を使用すると、著作権侵害にあたり罰せられます。そのため、**コンテンツ作成時は常に使用する素材の著作権について留意する必要があります。**

　著作物を気軽に使いたい場合、最も簡単なのは「フリー素材サイト」を活用することです。ただし、そのサイトや著作物によって商用利用できなかったり、クレジット表記が必要だったりと、使用できる条件が設定されているものもあります。とくに初めて使用するフリー素材サイトから素材をダウンロードする際は利用規約は必ず確認します。

　個人情報とは、個人を特定できる画像や連絡先、その他個人を識別できる情報すべてです。企業の公式サイトなどでの発信について気をつけるのはもちろんですが、社員が自分のSNS個人アカウントで社外秘の情報を出してしまい問題になるケースも増えています。個人情報保護法に抵触する以上に、企業への信頼が大きく揺らぐことになります。

　著作権や個人情報保護などコンプライアンス問題への対応は、企業活動として今後ますます強化されることは間違いありません。よって、専門書などから知識を習得したり、セミナーなどを受講するなどして常にトレンドを追うことがリスクマネジメントにつながります。

|||| 著作権や情報発信で気をつけることの一例 ||||

●著作権フリーとロイヤリティフリーの違い

著作権フリー（パブリック・ドメイン）
- 基本的には著作権を行使しないこと、著作権が放棄されていることを表すことが多い
- ただし人やサイトによって解釈が違う

ロイヤリティーフリー
- 利用規約にのっとって自由に利用していいものの、著作権は放棄されていない
- 使用料を支払うことが多い

●フリー素材を使用する際に確認したい項目

- 商用利用可・不可
- 加工可・不可
- クレジット表記必要・不要

●問題となる情報発信の例

- お客様の個人情報や来店情報（例「有名人の〇〇がうちの店に来た！」など）
- 公式サイトなどでまだ発表されていない情報（例「Aのつく大手のクライアント、来月に新商品発表するみたいだよ！」）
- 悪口（例「あの会社の〇〇、マジで使えない」）
- ※たとえTwitterなど匿名のアカウントで発言したとしても、フォロワーや他の発言内容から個人を特定される可能性がある

IIII 6   ステルスマーケティングの危うさを知る

企業が著名人に対価を支払い偽りのクチコミを拡散させるステルスマーケティングは絶対にタブーだと心得る

　ステルスマーケティング（ステマ）とは、**消費者には広告であることを隠して商品サービスを自然な形で記事などで紹介する販促策です**。企業から宣伝の対価としてお金や商品をもらいながら、さも自分で普段から使っているように見せかけることは、消費者を欺く行為です。

　ステマが発覚したことで日本市場から撤退させられた有名な事例の1つが2012年の「**ペニオク詐欺事件**」です。英国で登場のネットオークションの一種であるペニーオークションが日本国内で展開されたとき、落札した事実はないのに芸能人に「ペニオクで製品を安く落札できた」とブログ上で投稿させたことでユーザーの参加意欲をあおり、参加者から手数料をだまし取り、それが問題となりました。この事例のように、社会的に影響力のある人物の発言を利用することで、事実とは異なるイメージを消費者に抱かせる行為はいまだにあとを断ちません。

　SNSが普及する以前はテレビやHPを介して行われることが多かったのですが、最近では著名ブロガーや各SNSのインフルエンサー、ユーチューバーが事件に関わることが増えてきました。

　日本には、ステルスマーケティングを直接規制する法律はありません。景品表示法で「企業が主体的に流した口コミ情報が一般消費者を誤認させるものであれば不当表示として問題となる」といった警告程度にとどまり、仮に消費者が事実と違う広告で損害を被った場合に軽犯罪法で処罰されるといった、迂回処理的な扱いです。

　そこで、**一般社団法人 日本インタラクティブ広告協会（JIAA）**が業界団体としての責任もあり、不正を防ぐ取り組みとしてガイドラインを制定しています。

‖‖ インターネット広告倫理綱領及び掲載基準ガイドライン ‖‖

一般社団法人 日本インタラクティブ広告協会（JIAA）は、インターネット広告の健全な発展を目的として、インターネット広告倫理綱領を制定して、14項目からなる業界標準の指針を定めた。

インターネット広告倫理綱領

- 広告は社会の信頼にこたえるものでなければならない
- 広告は公明正大にして、真実でなければならばい
- 広告は関連諸法規に違反するものであってはならない
- 広告は公序良俗に反するものであってはならない

掲載基準ガイドライン（抜粋）

（3）インターネット広告の定義
媒体社が運営するWebサイト、アプリケーション等に掲載されるバナー広告をはじめ、テキスト広告、動画広告、媒体社等が発行する電子メールに挿入されるメール広告等、インターネットを通じて広告主から消費者等に向けて発行する広告と定義。

（6）違法な広告、違法な商品等の広告の排除
「違法な広告」には、景品表示法や特定商取引法等で禁止されている誇大広告、優良誤認（実際のものよりも著しく優良であると示すもの）、有利誤認（実際のものよりも取引の相手方に著しく有利であると一般消費者に誤認されるもの）となる広告等が該当する。

（7）反社会的な広告の排除
反社会的勢力による広告、犯罪を肯定したり美化したりするもの、消費者をだましたり惑わせたりするもの、他者を一方的に攻撃したり、差別したりするもの等を掲載しない。

（9）広告主体者の明示
責任の所在を明確にするため、広告には、広告の主体者を明示すべき。

（10）広告であることの明示
金銭が発生しているものには、AD、PR、SPONSOREDなどの表記をする。

||| 7   PESOモデルの最適化を考える

ペイド・アーンド・シェアード・オウンド4種類のメディア
の特徴を摑んで、最適な手法を検討する

デジタルマーケティングでは、メディアを4つのカテゴリに分類して考
えます。ペイドメディア（Paid Media）、アーンドメディア（Earned
Media）、シェアードメディア（Shared Media）、オウンドメディア
（Owned Media）の4つで、それぞれの英語の頭文字をとって、「PESO
（ペソ）モデル」と呼ばれています。

ペイドメディアは、掲載費用を支払って掲出するメディアのことで、純
広告や記事広告などの広告のことです。

アーンドメディアは、プレスリリース配信などの広報活動の結果、テレ
ビや新聞などが取材をして編集・作成した番組や記事のことです。

シェアードメディアは、Facebook、Twitter、Instagram、YouTubeな
どのソーシャルメディア（SNS）に加え、消費者のクチコミが載ったレ
ビューサイトも含まれます。最大の特徴は情報の拡散が広範に及ぶことで
す。その反面、炎上のリスクもあります。

オウンドメディアは、自社で運営しているメディアのことで、自社ホー
ムページやその中に載せる記事コンテンツなどのことです。

以前はアーンドメディアにシェアードメディアが含まれていましたが、
シェアードメディア、とくにSNSの重要性が高まり、近年では分けて扱
われるようになりました。

まずはこれら4つのメディアの内容と特徴を理解して、自社がどのよう
なメディアに対して施策を行っているかを整理してみてください。第2章
以降でオウンド、シェアード、ペイド、アーンドの順に、それぞれの特徴
と具体的なマーケティング手法を紹介していきます。

|||| PESOモデルの特徴 ||||

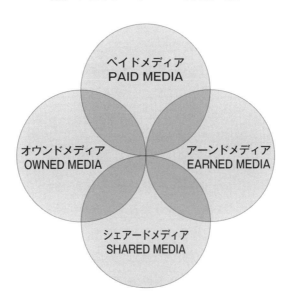

	定義	特徴	具体例
ペイドメディア	対価を支払って購入するメディア。自社で主体的にコントロールできる	短期的な売り上げに結びつけることができる	・純広告 ・リスティング広告 ・バナー広告 ・ネイティブ広告
アーンドメディア	第三者が保有し、自社ではコントロールできないメディア	商品サービスブランディング・コーポレートブランディングに結びつく長期的な取り組み	・広報/PR領域
シェアードメディア	クチコミや、ソーシャルメディア（SNS）での投稿や拡散されたコンテンツ	拡散しやすいが、炎上に注意	・ソーシャルメディア（SNS） ・評価／レビュー／ランキング
オウンドメディア	自社で保有しコントロールできるメディア	見込み客・成約を獲得することを目的とする。 またブランディングにも大きな影響を及ぼす	・ホームページ ・ブログ ・コラム／メルマガ ・ビジュアルコンテンツ（インフォグラフィックス／動画／スライド資料）

ユーザーファーストを強く意識する

広告クリエイティブのこだわり方は見た目重視のほかに、ユーザーが自分が欲している情報だと一瞬でわかることを徹底する

　ネット上での情報が溢れるほど増大するに従い、企業はユーザーのアテンション（認知）獲得のために顧客起点での広告クリエイティブ（以下、クリエイティブ）に、より一層注力することが必須になっています。

　情報発信側は、どうしても自分の思いを伝えたいと考えるあまり、ユーザー目線を意識しながらも、完全には自分起点が拭いきれない部分を残しがちです。とくに、担当者からその上司、さらにその上司へと意思決定の階層がいくつもある場合、最終的な意思決定者の企業目線で判断されることになりかねません。クリエイティブでは陥りがちな悲劇です。

　こうした事態を避けるために、顧客起点がクリエイティブのコンセプトだと発信側の組織全体に浸透している状態になっていなければなりません。そのためには、**クリエイティブ作成のどの過程であっても、「それは顧客起点になっているか？」を問うことを習慣**にします。

　その状態から生み出される顧客目線でのクリエイティブになって、ようやくリリースに値する品質といえるのです。

　これを徹底することで、たとえばそれまでクリック率が0.05％だったバナーがクリエイティブの改善で0.07％に上昇したとします。小さな変化に思えるかもしれませんが、その広告が160万回表示されるとすると、［160万回（述べ人）× 0.07％=1120］－［160万回 × 0.05％=800］で差し引き320人、サイトへの流入を増加させる計算になります。

　もちろん**クリエイティブは見た目だけではなく、ユーザーが見た瞬間に「これ、自分に必要な情報だな」と思ってもらえるように内容の吟味も大変重要**です。できればユーザーに参加していただいて、その反応を反映させることを検討してもいいでしょう。

|||| ユーザーファーストを徹底する ||||

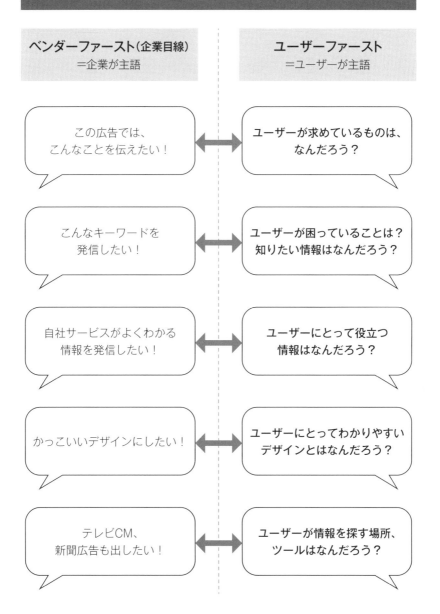

自社がこうなってしまっていないかチェック！

ベンダーファースト（企業目線）=企業が主語	ユーザーファースト=ユーザーが主語
この広告では、こんなことを伝えたい！	ユーザーが求めているものは、なんだろう？
こんなキーワードを発信したい！	ユーザーが困っていることは？知りたい情報はなんだろう？
自社サービスがよくわかる情報を発信したい！	ユーザーにとって役立つ情報はなんだろう？
かっこいいデザインにしたい！	ユーザーにとってわかりやすいデザインとはなんだろう？
テレビCM、新聞広告も出したい！	ユーザーが情報を探す場所、ツールはなんだろう？

顧客起点からカスタマージャーニーを考える

顧客が商品サービスを認知したあとの購入に至る"顧客の旅"の各プロセスに適切な施策を埋め込む

デジタルマーケティングでは、Webサイトをはじめとする自社とユーザーの接点となるタッチポイントにいかに多くの顧客を効率的に誘導するかがカギですが、認知に成功したあとに購入に至るプロセスの設計をするうえで、カスタマージャーニーが有効です。

カスタマージャーニーは、「顧客が購入に至るプロセス」のことです。そして、顧客がどのように商品やブランドと接点を持ち、認知し、興味・関心を持ち、購入意欲を喚起されて購買や登録などに至るのかという[認知→興味・関心→検討→購買→リピート]の流れを"旅"にたとえ、顧客の行動や心理を時系列的に可視化したものを「カスタマージャーニーマップ」といいます。カスタマージャーニーマップを作成することで、次のようなことが可能になります。

①顧客の視点が理解できる

顧客の心理から顧客行動を想像することは顧客の視点の理解となり、顧客起点のマーケティング施策につながります。

②関係者の認識統一ができる

カスタマージャーニーマップを作成する作業を関係者と共有しながら可視化することで認識を統一させることができます。また、組織として一貫性を持って顧客に価値を提供をすることが可能になります。

そしてカスタマージャーニーでは"顧客の旅"の各ステージごとにユーザーが接触する媒体や情報提供の内容、購買時の決済方法、アフターサービスなど、適切な対応法があります。そのため、ユーザーがどのような意識のもとに購入していくか、顧客の実像を知ることが重要になるため、事前にペルソナ（28ページ参照）を設定します。

|||| カスタマージャーニーの作成と活用の流れ ||||

インプット		
	自社商品やブランド	
	想定する顧客 （ペルソナ）	カスタマージャーニーを作成するために必要な情報を揃える
	スタートとゴール、 期間	

カスタマージャーニー		
	ステージ	
	顧客行動	
	タッチポイント	顧客の感情や行動、タッチポイントなどを可視化して、カスタマージャーニーマップを作成する
	顧客感情	
	施策案	

アウトプット		
	顧客の行動	
	顧客の感情	
	顧客との接点	カスタマージャーニーと顧客の実際の行動を検証していき、施策を修正していく
	施策	

IIII 10   顧客情報を収集してペルソナをつくる

顧客の視点をよりリアルにするとともに、関係者全員が顧客に対する共通認識を持つ

ペルソナを設定するのは、ターゲット顧客は具体的な個人だとアプローチ法が描きやすいからです。そして作成する過程で、顧客側の立ち位置での視点が得られるようになり、より顧客への理解が深まります。「自分の理想や願望を反映しない」「実在しなさそうな人物を想定する」ことを防ぐことになります。

また、**実在するような人物モデルを基点にすることで、マーケティングに関係する当事者たちが誰をターゲットに施策を行うかが共有できるように**なります。憶測でのターゲット像のイメージや担当者ごとに異なる顧客イメージをペルソナにより明確化できるようになります。

購買後に顧客が感じる思いや体験などもペルソナから浮かびあがってくるため、次の購買行動につなげるヒントもわかります。

ペルソナをつくるには、次の3点を踏まえることが基本です。

①ターゲットについての情報収集

まず自社での既存データから年齢や性別、居住地など定量的に顧客分析をするほか、ネット調査で得たい情報を収集します。またデプスインタビュー（1対1の深層面接法）などで定性的なデータも集めます。サイトのアクセス解析などもデータとして重要です。

②1人の顧客像に落とし込む

これらの情報を整理し、共通した特徴などをもとにターゲットユーザーの属性や生活スタイルを箇条書きにし、1人の顧客像に落とし込みます。

③箇条書きの顧客像を物語化する

箇条書きした顧客像が実際に生活している様子が感じられるように、どんなことを考え、どんな行動を取っているかを物語にまとめます。

‖‖ ペルソナシートの例 ‖‖

ペルソナシート

基本属性	行動属性
[名前]　川瀬　聡子	[趣味] 　　休日にカフェ巡り・映画・ピクニック
[性別]　女性	[休日の過ごし方] 　　公園で家族や息子と遊ぶ・家族でドライブ
[年齢]　32歳	[消費傾向] 　　生活必需品の購買中心、家計に余裕ができたボーナスの時期に自身の嗜好品なども購入する
[職業]　不動産会社事務	
[年収]　280万円 　　　　（世帯収入 730万円）	
[家族構成] 　夫（34歳）息子（4歳）	[情報接点] 　　スマートフォン中心・保育園のママ友のクチコミ・テレビ視聴
[居住エリア] 　神奈川県川崎市　川崎駅から 　徒歩12分（賃貸マンション）	仕事も行っているのでニュースも閲覧する・雑誌は好きだがdマガジン経由

ステータス自由記述欄

[経歴]
　26歳のときに知人の紹介で現在の夫と知り合い、6年前に結婚
　5年前に第1子を授かる。
　以前は都内メーカーの営業担当としてバリキャリ女子だったが、出産を契機に退職
　1年半の産休・育休を経て自宅近くの現在の職場へ時短勤務で就職
　ミスの少ない仕事ぶりに職場からの信頼も厚い

[嗜好や行動]
　出産以前は夫と1年に数回海外旅行へ行くなど、アクティブであった
　現在は子供の行動範囲も限られるため、首都圏近郊への移動に限られている
　仕事と育児。家事の両立は比較的うまくいっているが、休みの時間が少しほしいと思っている

ターゲット顧客の欲求を満たす目的の「ニーズ」とその目的を果たす手段となる「ウォンツ」を把握する

　欲しい商品や気になる情報をWeb上で探すときに、私たちはGoogleやYahoo!などの検索ツールや、TwitterやInstagramのハッシュタグで検索をします。商品の名前や情報につながる関連ワードを入力して検索を行うと、該当するサイトや投稿がヒットし、検索結果の上位に表示されているものから優先的にクリックしていきます。

　この一連の行動を考えたとき、自社情報により多くのターゲットを誘導する戦略としては、まずキーワード検索で自社サイトがヒットすること、次に検索結果の表示画面で上位にリストアップされることが重要です。

　キーワード検索でヒットしやすく、上位にリストアップされるためには、ターゲットのニーズとウォンツを把握することです。なぜなら、ターゲットがどのようなニーズやウォンツを持っているか（何のキーワードで検索を行うのか）を的確に掴むことができれば、自社サイトにそのキーワードを入れ込むことでヒットされやすくなるからです。

　ペルソナをつくる過程でターゲット顧客の趣味嗜好や行動特性などを確認しますが、その際のペルソナ情報から顧客が欲していることは何かを究明していきます。

　そしてニーズとウォンツの違いを理解したうえで施策を検討します。ニーズとは「喉の乾きを癒したい」といったような欲求を満たすことであり、そのために「水が欲しい」のようにウォンツはニーズを満たすための手段です。ニーズが目的に対し、ウォンツが手段ということです。

　たとえば、「部屋をキレイにしたい」というニーズをかなえるためのウォンツが「掃除機が欲しい」だったとすると、「家電」「掃除機」などのキーワードを導くことができます。

IIII ニーズとウォンツから検索キーワードを設定する IIII

ニーズ 欲求を満たすこと **目的**	**ウォンツ** 目的を果たすためのこと **手段**

◎部屋をキレイにしたい

ウォンツ1：掃除機を買いたい
　　　　　　キーワード例：家電、そうじ

ウォンツ2：要らない服を処分したい
　　　　　　キーワード例：古着、リサイクル

ウォンツ3：好きなものをキレイに収納するコツが知りたい
　　　　　　キーワード例：収納術、収納アイデア

◎健康のために痩せたい

ウォンツ1：在宅勤務なので家でできる運動が知りたい
　　　　　　キーワード例：テレワーク、ながら運動

ウォンツ2：痩せやすい食事メニューが知りたい
　　　　　　キーワード例：痩せる食べ物、低カロリー

ウォンツ3：効果のあるダイエット方法が知りたい
　　　　　　キーワード例：ダイエット成功例、
　　　　　　　　　　　　　続けられるダイエット

12　ペルソナのタッチポイントを考える

ペルソナから把握したターゲット顧客が欲する情報との最適な接点（タッチポイント）を吟味する

　顧客のウォンツを満たすには、顧客と企業の最適な接点を選択することですが、このアプローチがタッチポイント戦略です。デジタルマーケティングにおけるタッチポイントは、Webサイト、SNS、ブログ、メール、YouTube、チャットボットなど様々です。加えて、デジタル以外のメディアとの接点もありますし、人からのクチコミもあります。しかも、カスタマージャーニーのステージごとにタッチポイントを変えて選択することも普通に行われます。

　たとえば、テレビCMで認知して、興味をいだきキーワード検索で商品の詳細な情報を調べる。その商品と同じカテゴリーの商品をネットで検索し、リスティング広告を目にしてそのままクリックしてランディングページ（検索サイトなどのリンクをクリックした先の問い合わせや購入につながるページ）を確認し、いくつかの選択肢の中から最終決定し、ネットショップで購入し決済します。

　ペルソナを設定するのは、顧客が購入までの心の動きや行動を知ることで購入までのタッチポイントが把握しやすいからですが、上記のように**ストーリーとしてプロセスを再現すると、タッチポイントは何を設定し、どのようなコンテンツにするかなどの施策もはっきりしていきます。**

　たとえば、SUV車のターゲット顧客にアプローチする場合、まず自社のWebサイトに基本情報をアップします。そして、キャンプやスノボに行きたいという目的（ニーズ）から、SUV車を購入するという手段（ウォンツ）だとわかったとします。そうであれば、そのニーズに合わせたコンテンツをつくり、自動車だけでなくアウトドアファンが接触するタッチポイントに情報を載せることで、アテンションの幅が拡大します。

|||| 顧客の行動からタッチポイントを考える ||||

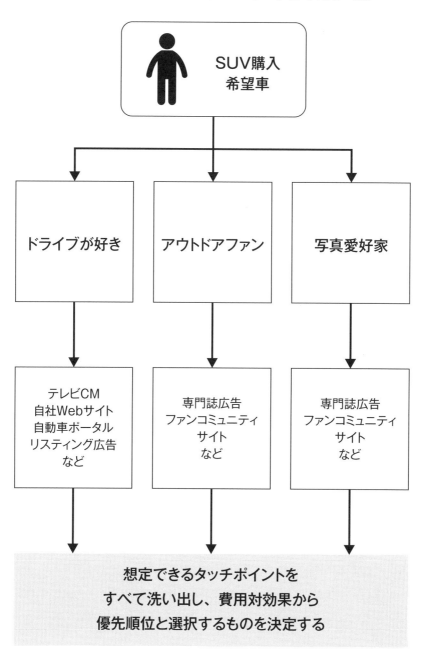

SUV購入
希望車

ドライブが好き

アウトドアファン

写真愛好家

テレビCM
自社Webサイト
自動車ポータル
リスティング広告
など

専門誌広告
ファンコミュニティ
サイト
など

専門誌広告
ファンコミュニティ
サイト
など

想定できるタッチポイントを
すべて洗い出し、費用対効果から
優先順位と選択するものを決定する

カスタマーエクスペリエンスの最大化を考える

カスタマージャーニーの設計ではAIDMAやAISASなどの購入決定プロセスのモデルの流れが参考になる

カスタマージャーニーマップの作成では、**顧客の感情と行動の変化をイメージすることが大切**です。まず、ターゲットとする顧客が認知段階（存在を知る）、興味・関心段階（気になる）、検討段階（購入を考えはじめる）、購買（決済する）という各ステージのうえで、何をきっかけにして気持ちが動いたり、実際に行動を起こすかを探求していきます。

すでにお気づきのように**カスタマージャーニーマップの流れは、消費者行動モデルのAIDMA（アイドマ）に相似しています**。消費者の購買決定プロセスのフレームであるAIDMAは、1920年代に米国で提唱されました。商品を認知し（Attention）、興味を抱き（Interest）、欲しいと思い（Desire）、記憶して（Memory）、購買行動に至る（Action）。この一連のプロセスは、マスマーケティングで認知拡大ができた大量消費時代には有効でした。

それがインターネットによるワントゥワンマーケティングが台頭してきたことで2004年に電通がAISASを提唱しました。認知し興味を示すと、ネットで検索（Search）して購買（Action）したのち、ネットで購入したものについて評価して他者と共有する（Share）というモデルです。

AIDMA、AISASはともに、カスタマージャーニーを設計するうえで参考になる考え方ですが、ここで大事なことはカスタマーエクスペリエンス（顧客の体験）を最大化する施策は何かを突き詰めて考えることです。顧客に対して何を提供すれば満足度が向上するのかを各ステージごとに吟味します。そして見落としてならないのは、購入後のアフターフォローです。修理やメンテナンス、使い心地の確認など購入後の適切なアフターフォローがあって、リピートにつながるのです。

‖‖ 消費者行動モデルのAIDMAとAISAS ‖‖

●AIDMA

Attention	認識
Interest	興味
Desire	欲望
Memory	記憶
Action	行動

各ステージごとのアプローチ法を考えることがポイント
Attention：広告で知ってもらう
Interest：HPの情報で興味を刺激
Desire：HPの情報で欲求を刺激
Memory：メールでレコメンド
Action：ネット上で購入決済

●AISAS

Attention	認識
Interest	興味
Search	検索
Action	行動
Share	共有

PCやスマホが前提のコミュニケーション法を考える
Attention：ネット広告で認知向上
Interest：メルマガで興味を刺激
Search：SNSで検索してもらう
Action：スマホで購入・決済
Share：SNSなどで共有

2008年にGoogleはAISARE（アイサレ）を提唱している。Attention（注意）→Interest（興味・関心）→Search（検索）→Action（行動）→Repeat（リピート）→Evangelist（伝道者）の一連の流れにより顧客満足度が最大化すると、顧客はリピートするだけでなく、その商品や体験をネットを介して広く伝えてくれる。

|||| 14   カスタマージャーニーマップをつくる①

顧客のブランド体験のはじまり・ゴール・接点のストーリー を設定し、感情をプロットする

　ペルソナが実際に商品サービスを認知して購入に至るプロセスをカスタマージャーニーマップで見える化していきます（ここではBtoC企業を前提に説明します）。このときのポイントは**各ステージごとの行動で、どのタッチポイントが有効か、そのタッチポイントに触れたときにどんな感情を抱いてほしいかも具体化することです。**

　以下が留意点です。

①スタートからゴールまでのステージを決定する

　「認知」から「購入」までのステージを決めるには先述したAIDMAなどの消費者購買モデルなどを参考にするとよいでしょう。顧客が商品サービスを認知し、検討を行い、購入決定をするというステージのほか、購入後に評価し、ネットで共有・拡散してもらうことも考慮に入れます。

②顧客行動を考える

　各ステージごとの顧客行動をペルソナが実際に取る行動をイメージして具体的にしていきます。

③タッチポイントを考える

　顧客行動を促すためにはどのようなタッチポイントが最適かを具体化します。このとき、デジタルメディアの特性を考慮することです。

④顧客感情を考える

　商品を見かけた顧客が、商品に対してどういう想いを抱くかを考えます。

　カスタマージャーニーマップをつくる最大の目的は、購買決定とその後のリピートのために、"顧客の旅"の各タッチポイントごとに最適な施策を埋め込むことです。各ステージごとに顧客がどんな思いでいるかをイメージし、その感情を考慮した施策を実施するようにします。

|||| 30代ママ向けコスメの例 ||||

設定したペルソナ（32歳、不動産会社勤務の女性）を例に、スタートと
ゴールを設定。顧客行動とタッチポイント、顧客感情を記入したカスタ
マージャーニーマップの例。

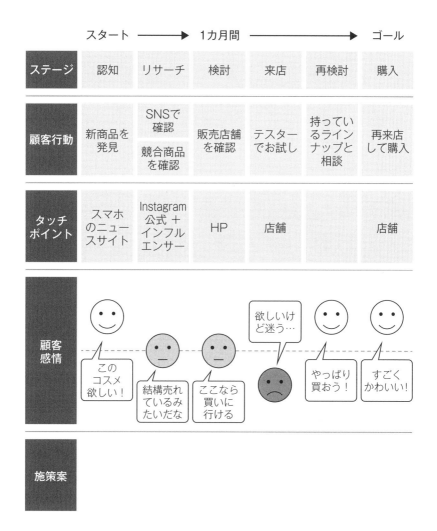

IIII 15　　カスタマージャーニーマップをつくる②

各ステージでのターゲット顧客の感情を類推し、その感情を刺激して行動に移してもらうための施策を考える

　カスタマージャーマップが一通り作成できたら、施策案の欄にマーケティング施策を加えていきます。これは各ステージごとに顧客の行動をプッシュするために行うものです。

　施策内容を検討するにあたって重要なポイントは、ペルソナが各タッチポイントでどのような感情になっているかをイメージすることです。

　たとえば、認知段階で「このコスメ欲しい！」と思ったときにすぐにその感情を行動に移してもらうために、商品紹介のWebページを魅力的なものにしておくなどの施策です。それを見て、「結構売れてるみたいだな」と思うタイミングでサンプリング情報を提供したり、ペルソナ（＝ターゲット顧客）に影響力がある人にSNSなどで推奨してもらえるようにすることで、実際に試してみようとの気持ちを強くすることができます。

　各ステージごとに最適なマーケティングを実施するにあたって、複数の施策を用意することで効果が上がることもあります。ここは費用対効果も考えながら、トライアンドエラーで経験を蓄積し、次の展開への参考にしていきます。

　こうしてカスタマージャーニーマップを実際に使ってみて、改善が必要な点があれば早めに対応するようにします。**デジタルマーケティングの実行過程では、早め早めの対応が成否のカギを握ります。**早く対処して、そこで不都合があれば、すぐに改善していく姿勢がとても大事です。

　こうして経験を積み、その経験を組織の中で共有していくことで、仕事レベルが向上していきます。

　よりレベルアップを図るには、PDCAを回しながらカスタマージャーニーマップの精度を上げていくことです。

‖ 30代ママ向けコスメの例 ‖

顧客感情まで記入したマップに、マーケティング施策案を加えて完成させる。

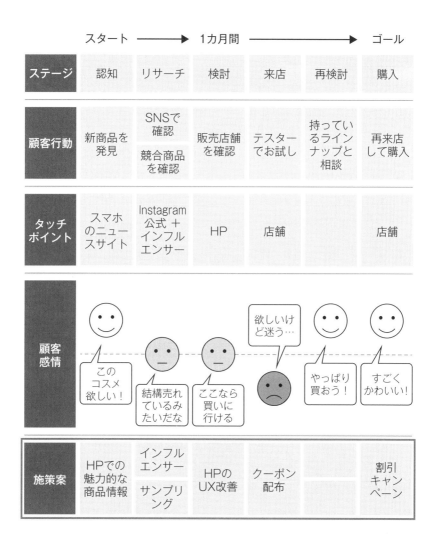

‖ 16　アテンションを増やすことを意識する

広告の費用対効果を上げることを重視し、潜在的なビジネスチャンスを逃さないようにする

　デジタルマーケティングがマーケティングの主流になった背景には、CPA（顧客獲得単価）が非常に明確で、費用対効果を判断しやすくなったことがあります。CPAに注視し、費用対効果を上げることで業績アップにつながることから、デジタルマーケティングが本格化しました。

　しかしそのことが、CPAを下げて費用対効果を上げることへの注力となり、デジタル広告は「CPA至上主義」となっていきました。これにより、広告予算が潤沢な大手企業がAction（購買）に特化して広告を出し続けることになったのです。大きな予算を持つ有力企業がActionに注力していては、資金面の問題から新規参入者がそこに入り込むのは容易ではありません。

　そのことは、本来はさらなる顧客を発掘する可能性のある「認知」が疎かにされ、大きなビジネスチャンスを逃すことにもなっています。

　右ページの図は、A→I→D→M→Aとたどるうちに、見込み顧客が絞られて先細りになっていく様子を、漏斗（ファネル）に見立てて表現したもので、「マーケティングファネル」と呼ばれます。Memory（記憶）とAction（購買）の段階では、すでに見込み客が減少した状態ですので、ここにどれだけ力を注いでも獲得できる顧客の数には限界があります。

　一方、ファネルの入り口の「認知」の段階は購買決定プロセスのスタート地点であり、潜在顧客は最大値です。なおかつ、購買決定プロセスが先へ進むにしたがって、潜在顧客が減少していく割合が変わらないと仮定すると、最初の「認知」の間口が広いほど購買に至る潜在顧客数は多くなります。つまり、**アテンションの効果を高めるには、ファネルの入り口をできるかぎり大きくし、潜在顧客の流入数を増やすことです。**

|||| AIDMAのファネル構造 ||||

A→I→D→M→Aとたどるうちに、見込み顧客が絞られて、先細りになっていく様子をじょうご（ファネル）に見立て、下図のように表す。

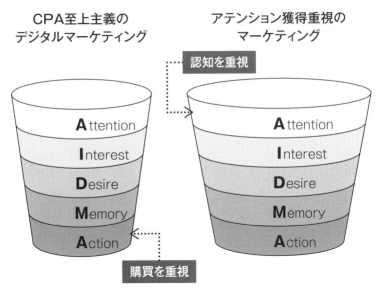

CPA（Cost Per Acquisition）

1件のコンバージョン（成約）を獲得するのに要した費用のこと

CPA至上主義の
デジタルマーケティング

アテンション獲得重視の
マーケティング

認知を重視

Attention

Interest

Desire

Memory

Action

Attention

Interest

Desire

Memory

Action

購買を重視

CPA至上主義では、Memoryか
らActionの目減りをいかに減ら
すかに重点的に取り組んできた

アテンション獲得重視のマーケティ
ングは、認知を最大限獲得すること
で、ファネルの入り口を目的にする

従来のCPA至上主義だったマーケティングに比べて、アテンション
をいかに多く獲得するかのほうが、最終的にAction（購買）を多く
獲得できる。

IIII 17　UGCでアテンションを獲得する

企業側が発信する情報よりも、一般ユーザーからの投稿のほうが共感や信頼がされやすい特性を活かす

　SNSによるアテンションの獲得方法の1つにUGC（User Generated Content／ユーザー生成コンテンツ）の活用があります。**UGCとは個人のユーザーによって作成されたコンテンツのことです。**個人のSNSの投稿やブログのほか、クチコミサイトのレビューやECサイトの商品レビューまでもが含まれます。

　SNSの普及に伴い、ユーザーの情報発信力が急速に高まることで、InstagramやTwitterを中心にUGCが次々に生まれています。これにより**個人の発信者がフォロワーに及ぼす影響が大きくなり、さらには「いいね」やリツイート機能でUGC自体が大きく拡散し、アテンション獲得に寄与するようになりました。**

　UGCの特徴は、企業からの公式な発信情報よりも一般の人が投稿した動画・写真・文章のほうが親近感や信頼感を感じられやすいことです。ユーザー視点での商品やサービスの紹介がされるので、広告と違ってオーガニックな（自然な）情報拡散が期待できます。

　企業側としてはUGCを媒介としてポジティブな情報拡散をするために、UGCが発生しやすい情報発信にこだわることが求められます。たとえば画像やテキストの内容を工夫してユーザーが興味・関心を引きやすいテーマに設定して、思わず他の人に広めたくなるように仕向けることなどです。InstagramやTwitterからの情報拡散では、たとえばグルメやファッション、コスメなどがユーザーが投稿しやすく、UGCが広まりやすいジャンルです。

　ただ、ユーザー発信情報ということで、情報の正確性や著作権侵害などのほか、行き過ぎた投稿による炎上などへのリスク対策も必要です。

|||| Web1.0とWeb2.0の違い ||||

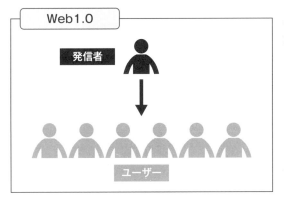

情報が、企業などから一
方的に発信されている

代表的な例：
ホームページ

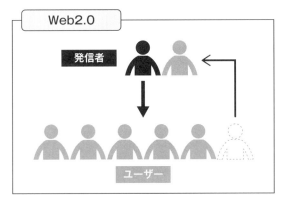

ユーザーが情報発信側に
なり、メディア組成の一
翼を担う双方向のコミュ
ニケーション。ユーザー
参加型のメディア

代表的な例：
価格com、食べログな
どのCGM（Consumer
Generated Media：消
費者生成メディア）

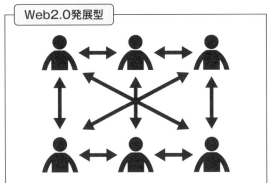

企業だけでなく、ユー
ザー個人がメディアを
持ったり、メディア化し
たりするコミュニケー
ション

代表例：
TwitterやInstagramな
どのSNS

IIII 18　WebPRでアテンションを獲得する

メディアが記事にしたがるコンテンツを用意し、Web上の様々なメディアにアーカイブしておく

　アテンション獲得手法としての広報・PRは、社会のデジタルシフトに伴い、その実施方法において変化が表れています。とくにプレスリリースをひたすら配信する**従来型の手法をそのまま実施するだけでは、大きな効果を生み出せなくなってきました。**

　ニュースの取材・発信をするメディア側の情報収集もかつてとは大きく変貌しています。ひと昔前のテレビ局の企画会議では、新聞や雑誌の切り抜きなど、いわゆる紙媒体を主な情報源として企画が検討されていました。それが現在では、**WebやSNSが情報収集源として主役が入れ替わってきています。**これにより、WebやSNS上に情報がなければメディアに取材してもらえるどころか、その存在にさえ気づいてもらえない可能性すらあるのです。

　そのトレンドに合わせてカーツメディアワークスでは、メディアが自ら情報収集しに行く「**メディアインバウンド戦略**」を提唱し、"記事"として情報拡散がされることでアテンションを獲得する仕掛けを実践しています。

　メディアインバウンド戦略でまず大事なことは、メディア側のタッチポイントを増やす工夫です。たとえば、企業のWebサイトやSNSは当然ですが、UGCが反応しやすい情報の提供やプレスリリースなどをWeb上にアーカイブしていきます。記事として採用されることを意図しているので、提供情報そのものが思わず人に伝えたいというニュース性やユニークさ、面白さがあることが必須です。このとき、**採用確率の高い情報が調査コンテンツです。**最近のトレンドテーマについての意識調査、たとえば「コロナ禍での巣ごもり需要商品の実態調査」などと自社サービスを絡める自主調査などがその一例です。

‖‖ 報道連鎖の起点となるメディアインバウンド戦略 ‖‖

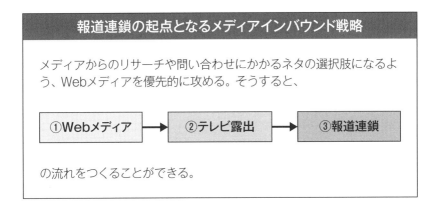

の流れをつくることができる。

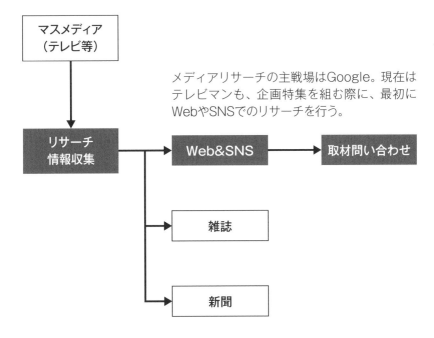

メディアからのインバウンド（取材依頼）を獲得するために、WebメディアやSNSでのコンテンツアーカイブを拡大させる。

ユーザーの流入元を分析する

**ユーザーがどの流入元から自社に接触し、流入元それぞれの
コンバージョン率の分析から施策の改善を図る**

マーケティングは、売り上げや申し込みなど設定した目標を効率的に達成するための手段です。

どんな施策を行えば目標を達成できるのか、デジタルマーケティングにおけるその施策のうち、**ユーザーがどのチャネルを閲覧し、コンバージョン（目標に対する成果のこと）に至ったかがとても重要です。**そのために行うのが、流入元の分析です。

流入元の分析で確認する指標は、「訪問者数」と「コンバージョン率（CVR）」です。それぞれの流入元の訪問者数は何人で、そのうち成果と数えられるのは何人か（これを「コンバージョン数（CV）」といいます）をカウントし、訪問者数からCVを割ることでCVRが求められます。

CVRの数値が目標よりも高ければ、その流入元は成果が高いと判断できます。

たとえば、自社のサイトを1,000人が閲覧したうちの10人の問い合わせがあればCVRは1％、SNSを見た5,000人のうち200人の問い合わせならCVR4％となり、自社サイトよりもSNSのほうがパフォーマンスが高いと判断でき、サイトの弱さの原因は何か、と改善のきっかけもつかめます。

そして、**流入元の分析には「流入マップ」で整理します。**流入マップをつくることで、オウンドメディアやSNS、リスティング広告などそれぞれの施策のシミュレーションを行います。シミュレーションとは、各施策の成果の目標数値をあらかじめ設定することです。インプレッション（リーチ数）、クリック率、クリック数、クリック単価、広告費（予算）、コンバージョン率、コンバージョン数、コンバージョン単価などが代表的な目標値です。

|||| 流入マップと施策ごとのシミュレーション ||||

●流入マップのつくり方

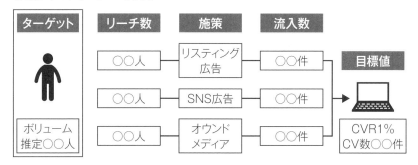

カスタマージャーニー作成時に設定した施策それぞれに「リーチ数」「流入数（クリック数）」「CV数」の目標値を決め、施策実施後の実数と比較し、できたことできなかったことを分析し、次回の施策に役立てる。こうしてデジタルマーケティングのPDCAを回していく。P（計画）→D（施策実行）→C（実行後の検証）→A（分析結果からの改善案）という流れが習慣化することで仕事レベルが向上していく。

●シミュレーションの例

予算月25万円	表示回数	クリック率	クリック数	入札価格	広告費	問合率	問合数	問合単価
	IMP	CTR	CT	CPC	COST	CVR	CV	CPA
GSS	21,645	1.4%	303	¥330	¥100,000	1.40%	4.0	¥25,000
GDN	62,500	0.8%	500	¥100	¥50,000	0.50%	3.0	¥16,667
YSS	18,519	0.9%	167	¥300	¥50,000	0.80%	1.0	¥50,000
FB	138,889	0.3%	417	¥120	¥50,000	0.40%	2.0	¥25,000
合計	241,552	0.6%	1,386	¥180	¥250,000	0.72%	10	¥25,000

シミュレーションを作成し、クリック数、CV（サンプルで問合数）などを試算する。
注）GSS：Googleリスティング広告　GDN：Googleディスプレイ広告　YSS：Yahoo!リスティング広告　FB：Facebook広告

Googleアナリティクスで流入元を把握する

ユーザーの流入元ごとのコンバージョン率を把握すれば、SEO対策や広告の選択と効果の高め方などがわかる

　ユーザーがどの流入元から訪問し、コンバージョンに至っているかを把握するには、Googleの公式アクセス解析ツール「Googleアナリティクス」を使います。これにより、流入元別の効果検証が簡単にわかります。

　前項で述べたとおり、**流入元ごとの訪問数（集客数）、コンバージョン数（CV数）、コンバージョン率（CV率）がわかれば、SEO対策や広告効果を高める施策がわかります。**

　このとき大事なことは、目標の設定です。たとえば、ECサイトの場合、最終的なゴール（目標）は購買に至るかどうかです。

　ECサイトでは目標が購買なのでわかりやすいですが、潜在顧客を開拓したい場合、たとえば不動産会社などでは購買という目標もありますが、問い合わせ件数という目標設定もあります。

　BtoCの場合だと、物販とサービス提供では最終ゴールが微妙に違うこともあるので、マーケティングの成果を何に設定するかで施策ごとのアプローチ法も変わってくることに注意が必要です。

●Googleアナリティクスで把握できる主な指標

Organic Search：検索エンジンからの訪問者数

Paid Search：リスティング広告からの訪問者数

Direct：直接URLを入力した訪問やアプリからの訪問

Referral：他のサイトからのリンクの訪問

Social：SNSからの訪問

Display：バナー広告からの訪問

|||| Googleアナリティクスの使い方 ||||

Step 1　アカウントをつくる

管理者に依頼して、設定の「アカウントユーザーの管理」から自身のGoogleアカウントにGoogleアナリティクスの権限を付与してもらう。

Step 2　ログインする

https://analytics.google.com/ にアクセスして自身のGoogleアカウントのID（メールアドレス）とパスワードを入力する。

Step 3　ビューを選択する

ホーム左上の「すべてのアカウント」をクリックし、数値を見たいサイトを指定する。Googleアナリティクスは「アカウント」「プロパティ」「ビュー」の3つの構成で成り立っている。
アカウント⇒一番上の階層（主に企業名のことが多い）
プロパティ⇒二番目の階層（主にサイト別で分けることが多い）
ビュー⇒各プロパティに紐付いたビュー（主に、すべてのWebサイトデータ）

サイトのデータを見たいときは
アカウント
▼
プロパティ
▼
ビュー
を選択して表示させる。

Step 4　画面を見る

右のような画面が表示される。

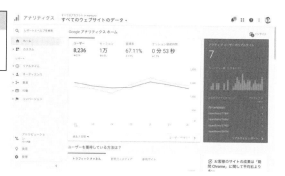

左タブで「行動 > 概要」をクリックする。さらに見たい期間を右上の期間設定ツールで指定する。

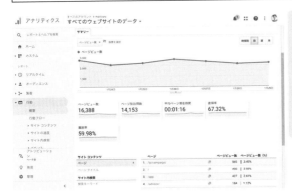

全体PVの推移と右下にページごとのPVが表示される。

サイト全体としてどれくらいの数見られているのか、ページごとのPVを見てどのページが人気なのかを調査する。

左タブで「オーディエンス＞地域＞地域」をクリックする。さらに中央部「Japan」をクリックする。

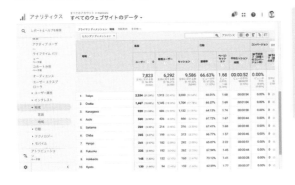

左のように都道府県別のユーザー数ランキングが表示される。

自分のブランドがどのエリアから興味を持たれているのかが確認できる。

Step 7　流入元を見る

どんな経路からWebサイトにアクセスされているのかを確認するには、左タブで「集客>すべてのトラフィック>参照元／メディア」をクリックする。

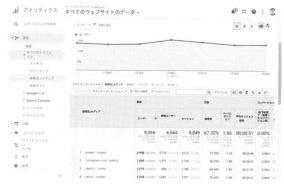

左のようなユーザーの推移と「参照元／メディア」のランキングが表示される。どの経路からの集客か、またどの経路からが滞在時間が長いのか（流入の質）がわかる。

〈参照元/メディアの見方〉
google/organic → Google で自然検索してきた
yahoo/organic → Yahoo! で自然検索してきた
instagram.com/referral → インスタグラムのリンクからきた
google/cpc → Googleの検索連動型広告からきた

Step 8　コンバージョンを見る

お申し込みなどのコンバージョン（Webサイト上での目標）がどれだけ達成されたかが確認できる。左タブで「コンバージョン>目標>概要」をクリックする。

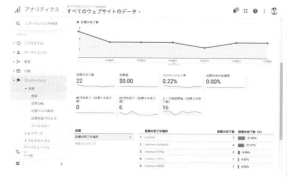

左のような画面でコンバージョン数の推移と件数、目標完了の場所（これは意識しなくてもよい）が表示される。さらに左下の「参照元／メディア」をクリックすると「どの経路からコンバージョンが多いのか」も確認できる。どのようなアクセスが事業利益に貢献しているのかがわかる。

流入元別の効果検証をする

各施策別、キャンペーン別に効果検証をするには、「UTMパラメーター」を使ってみる

　Googleアナリティクスを使って流入元別の効果検証をするには、流入元のリンク先のURLを識別することが必要になるのですが、それにはGoogleアナリティクスと連動して使える「UTMパラメーター」が便利です。UTMとはUrchin Tracking Moduleの略でUrchinというウェブアクセス解析ツールのことです（"urchin"とはわんぱく坊主という意味）。

　UTMパラメーターはURLにつける目印のようなものであるため、特定の文字列をURLに付けることで、Googleアナリティクス上でその目印別に効果が識別できるようになります。そのため、各施策ごとに設定しておく必要があります。

　Googleアナリティクスがパラメーターを認識するには、〈サイトURL〉の後ろにパラメーターを付与します。実際にパラメーターを付与したURLを見ると、

　https://www.kartz.co.jp/?
　utm_source=google&utm_medium=cpc&utm_campaign=shimei

となり、Googleのリスティングで指名検索という内容を示しています。URLの前半がランディングページで、「？」以降がパラメーターになります。右図の「パラメータールール表」のように一定の記載ルールを決めて運用します。Googleが提供している、簡単にUTMパラメーターを生成できるツール「Campaign URL Builder」を用いてURLを作成すると、Googleアナリティクスで各流入元を識別できます。

　また、効果検証するときは、Googleアナリティクスで「集客＞すべてのトラフィック＞参照元／メディアを選択する」と、設定したutm_source（参照元）とutm_medium（メディア）別に数値が確認できます。

‖‖ UTMパラメーターのしくみ ‖‖

●URLの構成

ランディングページ

https://www.kartz.co.jp/?
utm_source=google&utm_medium=cpc&utm_campaign=shimei

パラメーター

・utm_source　Campaign Sourceで
　「どの媒体からか?」
・utm_medium　Campaign Mediumで
　「どの集客方法からか?」
・utm_campaign　Campaign Nameで
　「どのキャンペーン名からか?」
・utm_term　Campaign Termで
　「どのキーワードからか?」
・utm_content　Campaign Contentで
　「どのコンテンツからか?」

上のURLの場合、媒体はGoogle、集客方法はリスティング、キャンペーン名はshimeiとなる。

●パラメータールール表の例

Campaign Source		Campaign Medium		Campaign Name	Campaign Term		Campaign Content	
Google	google	リスティング	cpc		2020年4月	202004	オンライン会見	kaikenlive
Yahoo！	yahoo	バナー	display					
Instagram	ig	SNS	sns					
カーツ	kartz							
Facebook	facebook	メルマガ	mail					
Twitter	twitter							
Instagram	instagram							

●Googleアナリティクスの流入元の例

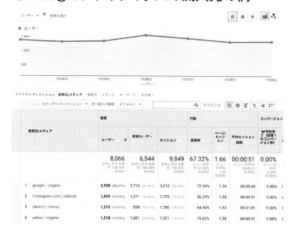

22 効果検証から改善点を探す

ここまで設定ができたら、あとは施策を実行するだけ。施策の実行後は効果検証を行い、改善を行っていく

効果検証で意識すべきことは、まず大きいところからチェックし、気になるポイントがあれば細分化してみていくということです。

最初に、最終的な費用対効果であるCPA（顧客獲得単価）をチェックします。CPAが良好であれば、全体の施策も計画どおり遂行しているということです。CPAが目標と離齬があれば、どの指標に問題があるかを速やかに検証します。その際、以下の各指標の問題への対応策を確認してみてください。

①CTR（クリック率）が低い場合

この場合、タイトルに適切なキーワードが含まれていない、クリエイティブが魅力的でないことが多いようです。よって、端的でわかりやすいタイトルと、ページの概要を短くまとめたディスクリプション（説明文）を再考することのほか、クリエイティブそのものがターゲットユーザーにとって閲覧したいものかを顧客起点で検証します。

②CPC（クリック単価）が高い場合

リスティング広告なら入稿したキーワードの、ディスプレイ広告・SNS広告なら設定したオーディエンスの競合が多いことが考えられます。これらの広告はオークション方式で単価が決まるので競合が多ければ単価も上昇するため、競合しないキーワードやオーディエンスを検討します。

③CVR（コンバージョン率）が低い場合

ランディングページ（LP）の内容がターゲットユーザーに適切ではない可能性が考えられます。ヒートマップツール（ユーザーによるページ内でのマウスや目の動きを集計し可視化したもの）を利用しながら、離脱要因になりやすいセクションを改善し、使いやすいLPの改善を検討します。

IIII GoogleDataPortalの活用 IIII

複数の管理画面を同時に管理していくのは、非常に工数がかかる。そんなときは、GoogleDataPortalを活用するとよいだろう。
GoogleDataPortalは、GoogleアナリティクスやGoogle広告、スプレッドシートなどに蓄積したデータを一括で管理できるBI（Business Intelligence）ツール。複数の画面で確認していた数値を、1画面で確認分析できるようになる。独自にグラフを作成する必要もない。

DataPortalを活用したレポート例
フォーマットも多数あるので、自社
が使用しやすいものを選択できる。

バリューマネジメント株式会社マーケティング部

ゼネラルマネージャー　笠 正太郎氏

事業内容を教えてください。

　歴史的建造物や古民家をリノベーションして、レストラン、宿泊施設、結婚式場などアニバーサリースペースとして利活用する事業を行っています。従業員は877名で、現在は北海道から福岡まで全国に23の施設を展開中です。創業は2005年で、2021年に16周年を迎えました。

カスタマージャーニーを導入しようと思ったきっかけは？

　日本でスマートフォンが普及、拡大した2年後あたり（およそ2015年頃）から、お客様の購買行動プロセスが大きく変わってきていることを感じはじめました。それで、商品を認知してから購入決定までの期間が長くなったタイミングで「購入決定までの期間を可視化して、その後のマーケティングの土台になるものをつくりたい」と考えるようになったのが大きなきっかけです。

　また当社の場合、同じ店舗をチェーン展開しているのではなく、1つひとつが異なる店舗のため、店舗ごとにお客様の層が違います。そこでカスタマージャーニーという枠組みがあれば、お客様の購買意欲やリサーチ結果をマッピングしやすく、どんな感情曲線を描いているかが理解しやすくマーケティングの基盤になりそうだと感じました。

　さらにスタッフが増加の時期でもあったので、カスタマージャーニーによってマーケティング施策が可視化できれば、新加入のスタッフも共通認識を持ちやすく、成長のスピードが速くなるとも考えました。

　導入後、お客様の購入決定までの感情も含めた導線が可視化され、ベテランから新人までスタッフの共通認識が得られ、顧客視点のコンセンサス

が得られるようになりました。ペルソナについても、これまでよりもブラッシュアップされたと感じますね。それまで2、3年かけて経験で得られてきたものが、虎の巻として最初から頭の中にあるイメージです。

月に1回開催のカスタマージャーニー会議はどのように機能しているのでしょう？

当社では集客チーム（販促）とセールスチーム（営業）が分かれているのですが、チームを超えて共通の目標が持てるようになりました。それまでは集客チームには来店客目標数があるので、「とにかく多くのお客様を集客しよう」と考えがちでした。一方、セールスチームには「確実に成約していただけるお客様を集客してほしい」という要望があり、集客とセールスの目標には溝があったのです。

それが、集客チームの目標が来店者数ではなく成約数になり、ゴールが2部署共通のものになりました。その運用のメンテナンスのために、当初、月に一度、会議やレクチャーを行いました。こうしたことも含め、自責への意識転換に変わったことは成果として大きかったです。

カスタマージャーニー導入前後での定量的な変化はありましたか？

まず、成約率が明らかに変わりました。ここ数年で6〜7ポイントアップしていて、売り上げベースだと、年間でかなりのインパクトになっています。そして、集客の母数も上がりました。カスタマージャーニーがあることで、マーケティング施策の統一感が生まれて、集客数にも良い影響が出ました。

定量的な目標に関しては、KPI（重要業績評価指標）、UU数、PV数などの数字をカスタマージャーニーの上に落としていく活用法を検討しています。たとえば、お客様が予約の検討をされているときはこういう感情になられているはずで、よってコンバージョン率は7%である、などです。ぴったりとは重なりませんが、重ねようと努力することで最終的に思い描

いたようになっていけば、さらにビジネスが面白くなると思っています。

　定量的な目標以外にも、チームの一体感、同じものを見る（共通ゴール、可視化）ことを大切にして進めていけば、カスタマージャーニーはさらによい効果をもたらしてくれると思います。

第2章

ホームページで広く発信する
オウンドメディア

||| 23　オウンドメディア戦略の基本

**「誰に向けて何をするためのホームページなのか」を考え、
そのターゲットや目的を明確にする**

オウンドメディア戦略では、「誰に向けて何をするためのホームページなのか」が最も重要なミッションになります。

すべての情報はホームページにあります。また、各メディアを介して自社に興味を持ったユーザーが最終的に集まってくるのはホームページです。よって、デジタルマーケティングはオウンドメディアにはじまり、オウンドメディアに戻るといえるかもしれません。

そして、その目的を果たすためのホームページには、基本的な考え方があります。

まず、**ホームページを開設する目的・ゴールを明確化**します。たとえば、Webからの問い合わせ件数を伸ばしたいのか、会員登録数を増やしたいのか、商品を多く売りたいのかなど、「何をするためのサイトなのか」をはっきりさせることが大前提です。

次に、**ターゲットを絞ります**。自社の顧客やファンとなり得る人とは、どういう人なのかを具体化します。

さらに、**PDCAサイクルでの改善を図ります**。ホームページは公開して終わりではありません。世の中は常に動いており、その変化スピードは時代とともに加速しています。ユーザーや顧客の反応や動態などを日々リサーチし、現時点での改良点を洗い出し、サイト制作者にフィードバックして、ホームページをアップデートしていくことが大事です。

PDCAで改善をしていくことを「**グロースハック**」または「**グロース戦略**」といいます。グロース（growth）とは、「成長」という意味です。これは、Webマーケティングの母艦ともいうべきオウンドメディアを常に見直し、最適化を図るために大事な施策です。

|||| オウンドメディアを成長させる考え方 ||||

●PDCAサイクルを回す

オウンドメディアは立ち上げて終わりではない。

常に「仮説思考」で戦略を立て、すぐに実行できる環境を用意し、数値を
もとに分析して、改善・是正していく。

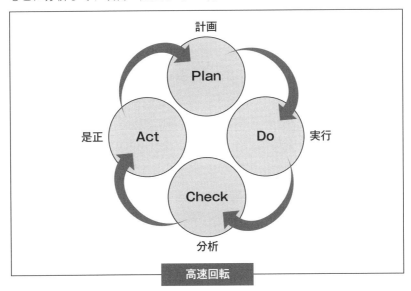

このPDCAサイクルを高速回転させることは、オウンドメディアを成長させて
いくうえで、最もシンプルかつ間違いのない方法である。

具体的な改善ポイント例

- メニューの見直し
- テキストコピーの改善
- ページのUI（ユーザーインターフェース）
- ボタンの大きさやレイアウト
- デザインのA／Bテスト
- ランディングページ最適化（LPO；ユーザーを最初に誘引するページの最適化）
- サイトスピードの改善
- キャンペーンやセールの実施、改定
- 入力フォーム最適化（EFO；お問い合わせなどフォームの入力のしやすさ）
- チュートリアル（操作マニュアル）の改善
- サポートQ&Aの設置

Webサイトのコンセプトを点検する

サイト全体を貫くコンセプトを固め、キーコンセプトでユーザーに魅力を伝える

　企業サイトで自社の商品やサービスの魅力をユーザーに発信していくには、このサイトで「誰に」「何を」「どのように」伝えるかという軸を固めます。この軸のことを「コンセプト」といいます。

　ホームページの運用には、多くの人が関わります。そのときにコンセプトがしっかりしていないと、連携がうまくいかず、デザインやテキストに矛盾やバラつきが生まれて、説得力のないページになってしまいます。

　逆に、コンセプトがしっかりしていると、ホームページ全体を通して一貫性が生まれ、ユーザーに情報が正しく伝わって、好感をもたれやすくなります。

　企業側にしてみれば、この商品・サービスがいかに素晴らしいか、そしてどんな点が新しかったり、他より優れていたりするのか、どんな人の役に立つのかなど、伝えたいことは山ほどあるでしょう。しかし、そのすべてを最初から並べ立てても、ユーザーには正しく届きません。情報量が多すぎてユーザーが理解しきれず、「結局何が言いたいの？」と思われたり、積極的なアピールを重く感じて、「なんだか面倒くさそう」と引かれてしまったりするからです。

　ユーザーに第一印象で「へえ、面白そう」「この商品、欲しいかも」「もっと詳しく知りたい」と思ってもらうには、企業側が伝えたい情報をギュッと一言にまとめ、直感的に相手に伝えることが大事です。

　コンセプトを伝えるシンプルな一言のことを「キーコンセプト」といいます。キーコンセプトは、企業とユーザーとの最初の出会いです。ユーザーの心を掴み、想像をかき立て、イメージを膨らませやすいキーワードを考えます。

‖‖ コンセプトワークは顧客起点ではダメになる⁉ ‖‖

デジタルマーケティングは顧客起点で進めていくのが基本だが、顧客起点で考えると危険な領域もある。それが「コンセプトワーク」である。

「マーケティングリサーチはしない」

スティーブ・ジョブズ

「顧客に何が欲しいかと尋ねたら、
もっと速い馬が欲しいという答えが返ってきただろう」

ヘンリー・フォード

「顧客はいつも正しいわけではない」——いまの段階で可視化・顕在化されていないものは顧客も見えていない」つまり誰かが可視化しなければいけない。

自分の考え・アイデアを整理すること＝コンセプトワーク

5W2Hで考えを整理してみよう

WHAT	何を提供するのか？　何が強みなのか？
WHERE	どこで提供するのか？
WHY	なぜ提供するのか？
WHEN	いつにするか？　タイミングはどうか？
WHOM	誰のために提供するのか？　ターゲットは誰なのか？
HOW	どうやって提供するのか？
HOW MUCH	いくらで提供するのか？

‖‖ 25　Webサイトのコンテンツを再設計する

ユーザーに自社サイトを見つけてコンタクトをとってもらえるコンテンツをよく考える

　これまでのマーケティングは企業側のタイミングで行われることがほとんどでした。広告配信やテレアポ、飛び込み営業など、どれをとっても企業側の都合をもとにアクションが起こされます。このような手法を「アウトバウンドマーケティング」といいます。

　それに対して、消費者が「検索して調べる」など能動的に情報を求めて動き、それをきっかけに企業が働きかける手法を「インバウンドマーケティング」といいます。デジタルマーケティングでは、インバウンドマーケティングに重きを置いて戦略を立てていくことが大事です。

　インバウンドマーケティングでは、ユーザーとの最初の接触をどうやって獲得するかがポイントになります。Web上に溢れる情報の中から、自社の存在を見つけてもらわなくてはならないからです。

　そのためにコンテンツ設計をします。サイトでどのような情報を、どのような順番で、どの程度まで伝えていくか。つまり、ホームページの中身（コンテンツ）を考えるということです。本でいえば、目次に当たります。

　Webコンテンツの提供方法には大きく2種類があります。1つは、個人情報を入力してホワイトペーパー（企業が独自に編集した情報をPDFなどの資料にまとめたもの）をダウンロードしてもらう場合のような、限定的な情報開示です。もう1つは広く一般に向けた情報開示です。インバウンドマーケティングでは、ユーザーはまだニーズが顕在化していないので、コンテンツはオープンにしておくのが基本です。

　コンテンツを公開したら、コンテンツ内にキーワードを散りばめるSEO対策やリスティング広告の出稿など、実際にユーザーに見つけてもらうための施策を行います。

|||| 顧客獲得の動線をロジカルに考えよう ||||

デジタルマーケティングの基本は「コンバージョン」を増やすこと。
コンバージョンに持ち込む前の段階には何が必要なのか？を考えることが
大切。

●ファネルを設計する

「ファネル」とは日本語で「漏斗」のこと。マーケティング業界で「ファネル」
といえばコンバージョンに至るまでどのようなターゲットをどれだけ集め、そ
れを見込み客、新規顧客、優良顧客にするにはどのような施策が必要なのか？
また、その割合は上げるにはどうすればいいのか？を設計することが重要となる。

デジタルマーケティングにおける「ファネル」のイメージ

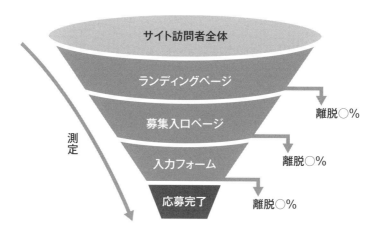

●ファネルを設計する観点

ターゲット戦略を考える

「セグメンテーション」と「ターゲティング」によって、顧客の属性やニーズを的確に把握する

　現代の市場は、需要をはるかに超える供給で溢れる一方、顧客のニーズは多様化しています。万人向けの製品やサービスをつくろうとすると、コンセプトが曖昧になり、結局は誰も買わないものになりがちです。つまり、現代のマーケティングでは、顧客のニーズを絞り、ピンポイントで突くような製品やサービスをつくらなくてはならないということです。こうしたターゲット選定は、オウンドメディアに人を呼び込む際にも意識しなければなりません。

　ターゲット選定には、「セグメンテーション」と「ターゲティング」の2つを考えます。**セグメンテーションとは、顧客を属性などでグループ（セグメント）ごとに分けることです。ターゲティングとは、顧客層の標的を絞り込むことです。**

　たとえば、「スポーツが好きな人」からセグメンテーションをして、セグメントの1つに「野球好き」があったとすると、その中で「10代の男性」に絞るのがターゲティングになります。

　スポーツ好き全般を対象にしたスポーツ用品店と、10代男性に向けた野球グッズの専門店では品揃えが変わってくるように、**オウンドメディアでも誰を呼び込みたいかによってホームページのデザインやコンテンツは変わってきます。**

　まずは自社が担うべき市場をセグメント別に捉え、その中の人たちのどの層にアプローチすべきかを、それぞれの企業に合わせて考えていきます。自社の強みやアピールしたい商品・サービスの魅力を的確にWebサイト訪問者に届け、顧客を獲得するためにも、自社の“売り”の部分が「どういう人たちのニーズとマッチするのか」を客観的に見極めましょう。

|||| 自社の戦い方を決めるSTP分析 ||||

STP分析は、限られたリソース（予算・人材・時間）を様々なところに投資するよりも「絞ったターゲット」に集中して投下することで強みを発揮するようにすることが基本的な考え方。

●セグメンテーション＝顧客を属性などグループごとに分けること

ニーズ　　　　　　　　　　　セグメンテーション

PRしたい	デジタルPR テレビPR など 媒体ごと	国内向けPR 海外向けPR 大阪向けPR など地域ごと
	上場企業向け IPO直前 非上場向け など企業規模ごと	ソーシャルメディア コンテンツマーケティング インフルエンサー などPR施策ごと

地域・性別・年齢・職業などで分類（セグメント）することが多い

●ターゲティング＝製品を購入してもらえる顧客を絞り込むこと

セグメンテーションで分類した顧客グループから情報を届けるべき対象を絞ること

●ポジショニング＝競合と比較して、自社製品はどこに位置するのか？（競争優位性を探る）

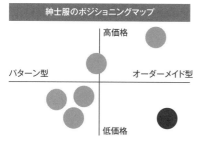

紳士服のポジショニングマップ

Web上では多くの競合がひしめくため、明確なポジショニング戦略が重要である。ターゲットが選択しそうな競合をリサーチし、価格や機能性、デザイン、流通の種類など様々な軸を用意して多面的に自社が攻めるべき位置を導き出していこう。

Segmentation
Targeting
Positioning
} 頭文字3つ **STP分析**

27 ターゲットのニーズとウォンツを分析する

潜在的な欲求である「ニーズ」と具体的な欲求である「ウォンツ」を把握する

欲しい商品や気になる情報をWeb上で探すとき、私たちはGoogleなどの検索ツールでキーワード検索をかけます。商品の名前や情報につながる関連ワードを入力して検索を行うと該当するサイトがヒットし、検索結果の上位に表示されているものから優先的にクリックしていきます。

この一連の行動を考えたとき、自社サイトにより多くのターゲットを誘導する戦略としては、まずキーワード検索で自社サイトがヒットすること、次に検索結果の表示画面で上位にリストアップされることが重要だということがわかってきます。

キーワード検索でヒットしやすく、また上位にリストアップされるためには、第1章で説明したターゲットのニーズとウォンツを把握することが大事です（30ページ参照）。

ニーズとウォンツの違いをわかりやすくたとえるなら、砂漠にいる人が「喉が渇いたから、喉を潤したい」というのがニーズ、「喉が渇いたから、コーラが飲みたい」というのがウォンツになります。つまり、ニーズをより具体化したものがウォンツです。

Webマーケティングというのは、いわばニーズやウォンツの集合体です。**ターゲットがどんなニーズやウォンツを持っているか（何のキーワードで検索を行うか）を的確に掴むことができれば、自社サイトとキーワードをひもづけられ、検索で確実にヒットさせられます。**強固なひもづけが実現できれば、上位でのヒットも可能になります。

では、ターゲットのニーズとウォンツを掴むためには、どうすればいいかというと、**Googleキーワードプランナー**というGoogle公式のツールがありますので、活用してみてください。

|||| 「ニーズ」&「ウォンツ」と「検索キーワード」の関係性 ||||

検索キーワード = ニーズとウォンツである

1. 「PR会社」を見つけたいとき、まずは「PR会社」と検索する
2. 大阪のPR会社を見つけたいとき、「大阪 PR会社」と検索する
3. 大阪でテレビに強いPR会社を見つけたいとき、「大阪 PR会社 テレビ」と検索する

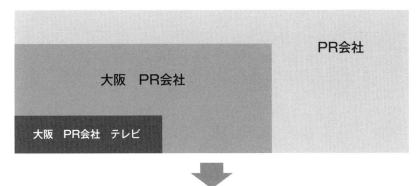

つまり、ニーズがより具体的になった「ウォンツ」が多数に点在するのがインターネットの世界

多数の「ウォンツ」に対応する「コンテンツ」を用意することがデジタルマーケティングにおける基本

●3C分析に当てはめて「ニーズ」と「ウォンツ」を考える

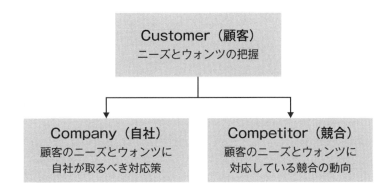

|||| 28 情報伝播を設計する

**イノベーター理論に則って情報伝播に最大の影響をもたらす
インフルエンサーを最初のターゲットにし、ブームを仕掛ける**

　ある商品が爆発的に売れたり、あるキーワードが流行したりするとき、そこには「イノベーター理論」が働いています。

　イノベーター理論とは、情報やマーケットというものが、人々の間でいかに広がり、ブームになっていくかを説明した理論です。活用の仕方によって、意図的にブームを起こすことも可能です。

　まず、新しい物事に素早く敏感に反応する**イノベーター（革新者）**が新しい価値Xを使いはじめます。すると、流行に敏感な**アーリーアダプター（新規採用者）**がXに続いて使用し、世間に対してXを使用していることを発信します。アーリーアダプターは、いわばカリスマ的存在です。世間の注目度が高いため、多くの人がこの影響を受けます。

　影響を受けた**アーリーマジョリティ（前期追随者）**がXを話題にして広めることで、Xは**レイトマジョリティ（後期追随者）**にも浸透していきます。この段階になると、Xは世間でブームとなり、「みんなが知っているX」「バカ売れ商品X」になります。最後の**ラガード（遅滞者）**は、流行に疎く、Xをかなり後になってから知るか、知らずに終わる人たちです。

　意図的にブームを起こすには、アーリーアダプターに認知してもらうことがとくに重要です。ファッションリーダーやセレブ、人気タレントなど、その業界での注目度が高い人物がメディアで自社の商品・サービスを話題にしてくれたら、そこから一気に火がつくからです。

　イノベーター理論によるマーケティングは、とくに新商品や新サービスにおいてよく行われる手法です。どんなコンテンツを誰に、どのタイミングで発信するかがカギになります。

‖‖ 「イノベーター理論」による情報伝達分析 ‖‖

イノベーター理論とは、社会学者のエベレット・M・ロジャースが提唱した新商品・新サービスの市場への広がりを理論化したもの。商品・サービスだけでなく、情報の伝わり方にもこれを応用できる。

「どの階層をターゲットにしているメディアおよびコンテンツなのか？」が考える視点

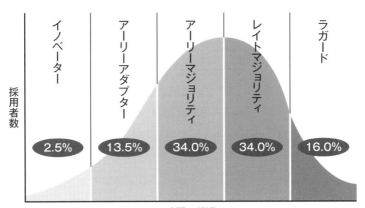

イノベーター	アーリーアダプター	アーリーマジョリティ	レイトマジョリティ	ラガード
2.5%	13.5%	34.0%	34.0%	16.0%

採用者数

時間の経過　　注：%は全体を100としたうちの存在割合

イノベーター （革新者）	新しい価値を誰よりも先に使用する層。この時点ではまだ大衆の目には触れていない。商品を開発した側や、新しいライフスタイルを提唱する側に近い人たちがこれにあたる。
アーリーアダプター （初期採用者）	イノベーターたちが見つけた価値を広める、いわゆる流行に敏感な人々。現在でいえば主にネットや、一部専門媒体などがこれにあたる。
アーリーマジョリティ （前期追随者）	アーリーアダプターたちに最初に影響される人々。この人たちが騒ぎ出すと、いよいよブームとしてのカタチが見えてくる。ネットではすでに広まっており、テレビも取り上げはじめる。
レイトマジョリティ （後期追随者）	世間でブームになっていることを受けてはじめる人々。この時点でそのブームは成熟期に達したといっていい。コアターゲット層ではない人々がはじめるのが、このフェーズ。
ラガード （遅滞者）	すでに成熟期を過ぎ、そのブームの良し悪しなどを理解したうえではじめる人々。この時点で、メディアでも取り上げられることはほぼなくなっている。

29

インフルエンサーに情報拡散を促す

インフルエンサーへの期待はクチコミ。純粋に良いものとして紹介してくれれば、驚異的なスピードと広さで拡散していく

インフルエンサーは、イノベーター理論の「アーリーアダプター（新規採用者）」のような存在です。ファッション業界ならカリスマモデル、ラーメン業界ならラーメン評論家などその分野に直接影響力のある人たち以外にも、アーティストや俳優、タレント、スポーツ選手など、マスコミなどによく登場したり、取り上げられたりする著名人など、社会的に大きな影響力のある人たちが該当します。

インフルエンサーを選定するには、「商品やサービスのユーザー層に影響力のある人」という基準になりますが、そうした人たちに対してアプローチすることになります。

そして、最適なインフルエンサーにアプローチできたら、どのように協力してもらうか考えます。

①自社のオウンドメディアなどに登場してもらい、コラムなどを寄稿してもらう

②インフルエンサーが担当しているメディアで情報発信してもらう

③広告に登場してもらい、広告に信頼感を与える

などについても検討します。

インフルエンサーによる情報拡散とは、そのインフルエンサーの興味や関心によってクチコミしてくれることです。気をつけたいのは、ステルスマーケティング（20ページ参照）です。対価を支払って意図的にクチコミを誘発することによって「情報操作」が漏れるとユーザーから反感を買うことになります。クチコミを対価を支払って誘発したことがネットで拡散され、その結果、クチコミを依頼した企業とクチコミをした有名人双方ともに大きなイメージダウンとなった事例は多く報告されています。

IIII インフルエンサーの影響力 IIII

イノベーターは、いわゆる有名人だけではない。ソーシャルメディアが一般的となった現在では、その業界では知られている人から、これから急成長しそうな有望株まで幅広くリサーチすることがポイントだ。

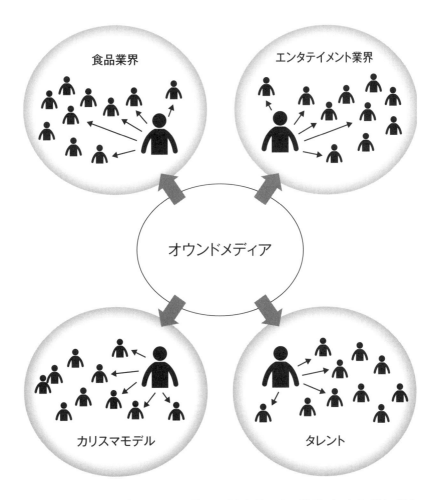

各業界に存在するインフルエンサーに届けば、その業界で一気に認知が広まる可能性がある。インフルエンサーたちがどのような情報を好むかを念頭に置きながら、彼ら彼女らをピンポイントで狙ったコンテンツを制作するのも効果的。

30

KGIとKPIで戦略目標を明確化する

KGIで達成すべき指標を明らかにし、KPIで実行されているかを計測する

　KGI（Key Goal Indicator；重要目標達成指標）とKPI（Key Performance Indicator；重要業績評価指標）は、目標の設定とその成果を計測するうえで欠かせない定量的指標です。

　KGIとは、プロジェクトが達成すべき指標のことです。「Webでの売り上げを3カ月で20%伸ばす」のように、具体的な期間や数値を設定し、判断基準とします。**KPIとは、目標達成のための過程をクリアできているかを計測する指標です。**KGIで設定した目標に対して、どのような過程を経れば達成できるかを洗い出し、1つひとつの過程がクリアできているかを数値化して計測します。たとえるなら、KGIは見据えるべき「ゴール」、KPIはクリアすべき「ハードル」です。

　KGIは、自社の活動全体におけるWebの役割を考え、そこから適した指標を設定します。誰が、いつ、どこで、どのようなツールを使って、どんなコンテンツを見ているか、5W2Hを分析するということです。

　どの企業ホームページでも外せない目的の1つに、アクセス数を伸ばすことがあります。**アクセス数を見る指標には、Webサイトのページが開かれるごとにカウントされる「PV（Page View；閲覧回数）」と、サイトを訪れる訪問者ごとにカウントされる「UU（Unique User；訪問者数）」がありますが、とくに重要なのはUUです。**ページが何回開かれるか以前に、サイトに来てくれる人の母数が多くないと、顧客数や売り上げは増えていかないからです。

　KPIの注意点としては、目標未達の場合、次に取るべきアクションが具体的にイメージできる指標にしておくことです。また、計測そのものが容易であることも重要です。

‖‖ KPIとKGIのチェックポイント ‖‖

共通して必ずチェックすべき数値

PV（ページビュー）・UU（ユニークユーザー）

ネット上では「PV・UUはとくに重要ではない」と主張する人がいるがPVとUUは避けて通れない指標であり、すべての分析基点となる。決して無視してはいけない。

検索キーワード	どのキーワードで流入してきたのか？ どのキーワードでどのページが表示されているのか？
ランディングページ	ユーザーはどのページをまずは見ているのか？ またそのページからどこに遷移していくのか？
離脱ページ	ユーザーが離れていくページはどこなのか？ そのページのコンテンツはどんなコンテンツなのか？
ユーザーフロー	ユーザーはどういったページをたどって目的ページに向かったのか？　また、どのページで離脱したのか？
直帰率	直帰率とは、最初の1ページめを見て退出してしまった人の割合。 直帰率を低減させる施策を検討しているか？
滞在時間	そのページの滞在時間。長ければ長いほど、コンテンツをじっくり見ている、と仮定できる。
新規&リピーター	ページ立ち上げ初期はリピーターはあまり気にならないが、顧客がついたかどうかはリピーター率を見ることが多い。

基本となる分析項目のPV・UU・離脱ページ・ランディングページは必ずチェックしておく。

Google アナリティクス	様々なサイト分析ツールはあるが、無料のGoogleアナリティクスを導入しておけばほぼ対応できる。 Web制作会社などに相談すれば、設置してもらえる。
SimilarWeb	無料の競合分析ツール「SimilarWeb」 会員登録不要。競合企業のURLさえ入力すれば流入元や大方のPV、検索キーワードなどを調べることができる。 https://www.similarweb.com/ja/

31　UIとUXをチェックポイントにする

ビジュアルイメージ（UI）と使い勝手（UX）を考えてコンテンツを組み立てる

　企業サイトのトップページは、本でいえば表紙です。表紙を見ただけで面白そうと思って買う「表紙買い」「ジャケ買い」があるように、**サイトも初見のインパクトでユーザーの心を引きつけられることが理想です**。そのためには、Webページのビジュアル（UI；User Interface）にこだわり、優れたものにすることです。

　ただし、ビジュアルで人を引きつけても、肝心の中身が悪ければユーザーは去って行ってしまいます。**中身の見やすさや使い勝手の良さ（UX；User Experience）にはとくに配慮が必要です**。たとえば、ページの遷移がしにくかったり、サイトの階層や経路が複雑だったりすると、ユーザーを迷わせ、負担をかけてしまいます。

　非常に優れたUXを実現しているサイトに、オンライン通販のアマゾンがあります。アマゾンのサイトは、商品がとても探しやすいつくりになっています。また、商品紹介だけでなく、レビューで実際の使用感なども参考にすることができます。そして、アカウントをつくっておけば、「欲しい」と思ったとき、購入者や送り先、支払い方法などを記入することなく、ワンクリックで購入することができます。

　商品がすぐ届く、どこにでも届けてくれるという利便性ももちろん重要ですが、やはり世界中に多くのアマゾンファンがいる最大の理由は、ワンクリックで簡単に買い物ができる機能の高さでしょう。ちなみに、アマゾンのワンクリック購入は特許を取得しましたが、2017年に失効しました。

　このように、UXは顧客獲得を左右する大きな要素です。ユニークなUXのアイデアが浮かんだら、デジタルマーケティングの理論など後回しにして、先にサイトをつくってしまってもいいくらいです。

‖‖ 優れたUXとは何か ‖‖

UXを語るうえで欠かせないのは著名な情報アーキテクトのピーター・モービル氏が提唱したUXハニカムである。
ピーター・モービル氏は情報アーキテクチャ論の先駆者であり、UXを構成する7つの要素をハニカム構造（蜂の巣構造）にたとえ、以下のように提唱している。

●UXハニカムの7項目

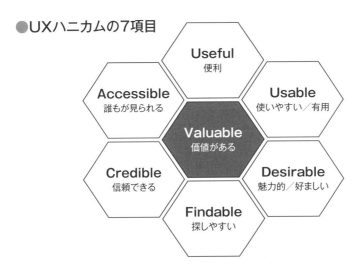

1. 便利・有用（Useful）
ターゲットに対して有用性の高い解決策・コンテンツを提供しなければいけない。

2. 使いやすい（Usable）
目的ページまでの動線、ボタンの配置、案内のテキスト、すべてにおいて「使いやすい」こと。

3. 魅力的（Desirale）
ターゲットが見て魅力的なデザインでなければいけない。

4. 発見しやすい（Findable）
Webサイト自体を発見しやすいのか？ もしくはWebサイト内の目的のコンテンツを発見しやすいのか？

5. 信用できる（Credible）
ターゲットが安心して使えるかどうか？ 信頼に値するWebサイトなのか？ 信頼がなければ何も入力したくなくなり、コンバージョンも生まれない。

6. アクセスしやすい（Accessible）
ターゲットがアクセスしやすいかどうか？ Web読み込み時間なども重要なポイントである。

7. 価値がある（Valuable）
ターゲットに価値を提供するためにWebサイトは存在する。ターゲットにとって価値がないものは、表現する必要のないことである。

IIII 32 UIデザインに磨きをかける

「ユーザーにとってわかりやすいか」「情報が正しく伝わりやすいか」を究めていく

　前の項でUIはWebサイトのビジュアルだと述べましたが、UIは見た目だけのことではありません。**UIはユーザーインターフェースの略であるとおり、顧客との接点や橋渡しが快適になされていることが前提です。**

　たとえば、ユーザーが画面上のボタンをクリックすると、それをコンピューターが処理して、ページ遷移するなどの反応が返ってきます。UIはこのようにユーザーとコンピューターのやり取りを視覚的に翻訳してくれるものです。

　では、優れたUIを実現するためには、どうすればよいのでしょうか。その答えを一言で言うと「**機能・操作性・外観のバランスが良いもの**」ということになります。

　これらを実現するには、まずサイト全体での統一感・一貫性を持たせることが重要です。ページごとにデザインのテイストが違うとか、同じ目的のボタンが場所によって色や形が違うなどといったことになると、ユーザーは混乱をきたします。

　UIデザインを考えるときには、客観的な視点に立ち、「**ユーザーにとってわかりやすいか**」「**情報が正しく伝わりやすいか**」を考えましょう。サイトの見やすさや説明のわかりやすさ、ボタンの選びやすさなどは、サイトそのものの使い心地の良さ（UX）にもつながります。

　優れたUIを実現するためのポイントは、統一感・一貫性以外にもあります。とくにスマートフォンにおいては、デバイスの特性を意識したUIをデザインすることが重要になってきます。スマートフォンのUIデザインで気をつけるべきポイントについては、右ページにリストアップしておきますのでチェックしてみてください。

|||| 優れたUIとは ||||

基本的にUX（ユーザー体験）が先でUI（ユーザーインターフェース）はその後のことである。優れたUIは表面的なデザインではない。ユーザーを集中させて、目的を達成することができるUIを目指そう。

●これだけはチェックしておきたいUIの基本
　□情報を詰め込みすぎていないか？
　□メニューを増やしすぎていないか？
　□問い合わせ先や電話番号がわかりにくい箇所にないか？
　□ファーストビューがターゲットを捉えきれるか？
　□多くのカラーを使い、散漫ではないか？
　□強調するべき箇所とそうでない箇所の強弱はあるか？
　□余計なリンクはないか？
　□余分な仕切り線は入れていないか？
　□情報のダブリはないか？

●「スマホUI」のナビゲーション
スマホのUIについては、縦スクロールやタッチのしやすさ、見やすさなど「使いやすさ」が求められる。ここではスマホUIのナビゲーションのスタイルを紹介する。

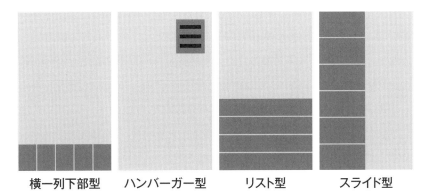

横一列下部型　　ハンバーガー型　　リスト型　　スライド型

‖‖ 33   SEO対策を考える

読み込みスピード、検索上位のキーワード、質の高いコンテンツを意識することで検索されやすくする

　ユーザーを自社Webサイトに集客するには、検索エンジンに上位表示させるためのSEO対策は必須です。SEO（Search Engine Optimization）とは「**検索エンジン最適化**」のことです。

　日本の検索エンジンはGoogleが7割、Yahoo!が2割強のシェアといわれていますが、Yahoo!がGoogleの技術を採用しているので、SEO対策は実質的にGoogle対策となります。

　ここでは、SEO対策のためのポイントを3つ示します。

①サイトの読み込みスピードを上げる

　サイトの読み込みスピードがとても重要です。Wi-Fiの通信速度に問題がないのに、スマホからWebサイトにアクセスしてすぐに読み込みができないと、「ユーザーにとって不親切なサイト」とGoogleは判断して、SEOの評価を下げます。

　それを防止するには、Googleが提供する「**Test My Site**」を活用することです。Test My SiteにWebサイトのURLを入力することで読み込み速度や、3秒以内に読み込みされない場合にはユーザーの離脱率がわかるほか、同業種での比較検討ができます。

②適切なキーワード＆ページタイトルを設定する

　ページタイトルの設定の良し悪しにより、Webサイトやページへのアクセス数が大きく変わります。そこでカスタマージャーニーを思い起こして、ターゲットがどのようなキーワードで検索するかを想定します。

　キーワードの想定ができたら、GoogleキーワードプランナーやGoogleトレンドを活用し、実際にどれくらいの検索ボリュームがあるかを確認し

ます。

　検索数が膨大なキーワードは検索しているユーザーも多いため、そのぶん競合も参入している可能性が高いといえます。**上位表示を狙うには、競合を避けつつ、ユーザーが検索しそうなキーワードを吟味することです。**

　ページタイトルの次は、Webサイトのコードの〈title〉以降の、検索結果画面最上部の全角35文字以内の文字列の設定です。

　WordPressなどのCMS（コンテンツマネジメントシステム：Webサイトを構成する画像やテキストなどの素材データを一元管理する仕組み）を設定しているWebサイトであれば、CMS上で設定できます。ページタイトルには必ず前半にキーワードを配置します。

　キーワードを前半に配置するのは、検索キーワードとページタイトルの内容が一致していることがすぐにわかりアテンションにつながりやすく、Google検索エンジンでキーワードとの親和性が高いと認識されるからです。クリック率をより高めるためには、ユーザーがそのコンテンツを閲覧することで得られるメリットも記載しておくといいでしょう。

　③コンテンツの質を高める

　質の高いコンテンツほど、「専門的」「重複がない」「共有性がある」といった優良条件を満たしています。

　「専門的」とは、記事情報の根拠が示され、掘り下げられた内容であることで信頼性が醸成されることです。

　「重複がない」とは、いわゆる"コピペ"のことです。他のサイトから引用する場合はコピペチェッカーなどを利用して著作権侵害を避けるようにします。

　「共有性がある」とは、SNSなどでシェアされやすいコンテンツのことです。拡散されやすい内容を吟味したうえで、WebサイトにSNSのシェアボタンを設置し、思わず誰かに知らせたいと思ったときにすぐにアクションできるようにしておきます。

|||| SEO対策に活用できるツール ||||

●読み込みスピードの確認

→Googleが提供しているチェックツール「Test My Site」に自社Web
サイトのURLを入力すると、サイトの読み込み時間や集客のための改善
アイデアなどを教えてくれる。

Test My Site画面

・Googleの公式無料ツール
・モバイルでのサイト読み込み
　速度がわかる
・読込中の想定離脱数がわかる
・業種別平均速度との比較がで
　きる（同業他社平均との比較）
・速度改善についてメールで提
　案してくれる

●検索されやすいキーワードの選定

→GoogleキーワードプランナーやGoogleトレンドで任意のキーワード
を入力することで、そのキーワードの検索ボリュームや関連性のあるワー
ド、競合性などがわかる。

キーワードプランナー画面

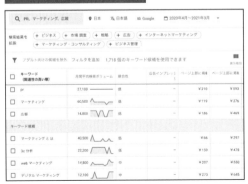

・Googleの公式無料ツール
・Google広告を出稿するための
　ものだが、広告を出さなくて
　も使える
・確認したいキーワードの検索
　ボリュームがわかる
・競合サイトがどんなキーワー
　ドを設定しているかがわかる

Googleトレンド画面

・Googleの公式無料ツール
・確認したいキーワードの検索
　数がグラフでわかる
・時間や期間、国別、年代別な
　どのキーワードの人気ランキ
　ングがわかる
・内容が充実していて専門性に
　富んでいるコンテンツだと、
　競合サイトも使用している
・多用されているキーワードで
　後発になったとしても、上位
　に表示されることを狙える

Googleサーチコンソール

・Googleの公式無料ツール
・Googleの検索結果でのパ
　フォーマンスを確認できる
　（Googleがそのwebサイトを
　どう判断しているのかわかる）
・クリック数や表示回数、平均
　掲載順位など、分析に必要な
　Webサイトの改善のために必
　要な情報が確認できる
・サイト内で問題があると、メー
　ルで通知してくれる
・検索キーワードの表示回数や
　クリック数を確認できる

||||| 34　SEO対策の基本を押さえる

SEOにはサイト内の最適化を図る「内部施策」と外部リンクを集める「外部施策」がある

　自社サイトはGoogleが持つ莫大なページの中のほんの1ページに過ぎません。そのため、Googleのエンジンに自社サイトの存在を認識してもらうことがSEOでは大前提になります。

　Googleに理解してもらいやすいようにページ内部の改善を図ることは、SEOの内部施策です。具体的には、タイトルタグやテキストの調整、コンテンツの追加、内部リンクの調整などを行って、Googleエンジンが正しく自社ページの内容を理解できるようにします。このとき、前項で紹介した、サイト内のエラーを発見したり、HTMLの改善点を教えてくれたりするGoogleサーチコンソールが役に立ちます。

　また、リリースしたばかりのWebページは検索エンジンに認識されにくいので、他のWebページからの導線をつくるなどの工夫も必要です。これはSEOの外部施策と呼ばれています。

　SEOの外部施策では、リンクを集めることが第一目的になります。パブリシティやSNSなどを通じて、自社のコンテンツを世間に広め、情報を見た人が自身のサイトやブログにリンクを貼ってくれるように働きかけます。

　外部リンクを提供してくれるサービスもありますが、Googleはそうした意図的な操作でランキングを上げることを認めていないので、意図的な操作がわかり次第、順位を下げられてしまうので注意しましょう。

　SEO対策は一度の改善で完了するものではありません。人々のニーズのトレンドや検索されるキーワードのトレンドが変わったりします。検索エンジンそのもののアルゴリズムも日々更新されます。よって、それらに常に対応していく、継続する姿勢が重要になります。

‖‖ SEO施策の内部施策と外部施策 ‖‖

●「内部施策」と「外部施策」それぞれをバランスさせる

【内部施策】

サイト構造の最適化
・HTMLの文法
・キーワードの最適化
・ディレクトリ構成
・情報（文章）の絶対量

検索エンジンを意識した
ページづくり

【外部施策】

外部サイトからのリンク
・関連性の高いサイトか
　らのリンク
・人気の高いサイトから
　のリンク

検索エンジンでの
評価の向上

【内部施策】

1. Webサイトのテーマを象徴するキーワード
Googleは、ページタイトルや見出しの"テキスト"を拾い上げる。検索されたいキーワードを慎重に選定し、適切にキーワードを入れることを心がけよう。

2. Webサイトの情報量や文章量とページ数
当然であるが情報量が少ないサイトは評価が低い。ページ数（最低でも15ページ以上）やしっかりと役に立つ分量のテキストを用意する。

3. Webサイトのディレクトリ構造と内部リンク
ディレクトリ構造、情報設計、HTML、CSS（Webサイトのデザインに関する言語）のソースコードがしっかりしているか、サイト内のリンク構造も最適化できているかチェックする。

【外部施策】

1. バックリンクの質
ポータルサイトやアクセスの多い外部のサイトが自サイトへのリンクをはるバックリンクは高く評価される。また 関連性の高いサイトからのバックリンクも同様で評価が高くなる。

2. アンカーテキスト
アンカーテキストとは、リンクが設定された文字列のこと。このアンカーテキストに、上位表示させたいキーワードが含まれていれば、よりSEO効果が高くなる。

3. バックリンク量
以前まではバックリンクが多いほうが（量）評価が高くなったが、最近ではバックリンクの量はさほど重要ではない。それよりもユーザーにとって良いコンテンツがあるかどうかがポイントになる。
良いコンテンツがあれば自然なバックリンクがつきやすくなる。

Webサイトのアクセス解析をする

オウンドメディアにおけるユーザーの動きを分析するには
Googleアナリティクスを活用する

　本章ではここまで、主に外枠部分（UI・UXや基本的な戦略・考え方など）を網羅的に解説してきました。ただし、重要なのはこのあとから解説していくコンテンツマーケティングです。いくら外面が良くても中身が伴っていなければ、ターゲットは見てくれません。さらに、その中身（コンテンツ）についても常に改善し続けていくことが求められます。まずは現状を把握し、その数値や要因を分析していきましょう。

　オウンドメディアを分析するツールとしては、Googleアナリティクス（48ページ参照）があります。無料で高機能、誰でも使えるわかりやすい画面構成（UI）となっています。

　導入するには、まずGoogleアナリティクスにGoogleアカウントを使ってログインし、アカウントを開設します。

　次に、トラッキングコードが発行されるので、このコードをGoogleアナリティクスを設置したいサイトに貼り付けます。もしくは、Googleタグマネージャが設置されている場合にはそちらから設置します。コードの貼り付け後、アクセス解析が可能になります。

　初心者向けにどのような数値や分析要因を見ればよいかは右ページを参照してください。

　よく陥りがちなことは、とにかくPV・UUにこだわりすぎ、その数値しか見なかったり、実際に売り上げにつながらないアクセスを無駄に集めたりすることです。

　大切なことは、PV・UUだけにとらわれず、「どのようなページ遷移が多いのか」「どのような参照元やキーワードで流入してくるのか」という改善につながる要因に着目することです。

|||| Webサイトのアクセス解析に便利なツール ||||

●サイト解析ツール　Googleアナリティクス

Googleアナリティクスは最も使われている無料の解析ツールであり、解説本はたくさんあるので詳細はそうした書籍で確認するのがいいだろう。ここではWebサイト解析で必ず注目しておきたいポイントを5つ挙げておく。

①トップページとその遷移先ページ
トップページのPV、UU、直帰率、離脱率に注目する。さらにトップページからの遷移先や問い合わせページまでの動線を確認する。

②主な流入元
流入元となっているプラットフォームを把握する。Google検索、FacebookやTwitterなど各ソーシャルメディア、Google広告やその他の広告など、流入元を確認する。

③検索キーワード（Googleサーチコンソールと連携が必要）
Google検索でどのようなキーワードで流入してきているかを確認し、検索対策をしていく。

④ランディングページ（入り口ページ）
入口はトップページだけとは限らない。下層ページが検索で上位に表示され、入り口ページとなることもある。

⑤地域やデバイス別のアクセス
ユーザーはどの地域からやってきているのか？　またPCなのか、モバイルなのか、タブレットなのか、どのデバイスを使っているのかを確認し対策に結びつける。

36 コンテンツマーケティングで
有益な情報を届ける

企業が伝えたい情報を、人々が進んで選びたくなるようなカタチ（コンテンツ）で発信するマーケティングに注力する

これからのマーケティングにコンテンツマーケティングの考え方がより重要になる背景には、「SEO目的」「広告が効かない層へのアプローチ」「潜在層へのリーチ」というニーズが大きくなってきたことがあります。

ただ、実際の現場の視点で捉えてみると、そうしたニーズがすぐに満たせられるかというとそう簡単ではなく、いくつかの課題があるのが現実です。そうした課題をクリアしてはじめて、コンテンツマーケティングは効果を発揮することをまずは認識してください。

主な課題の1つに、「ターゲットにコンテンツは意図どおりに届かない」ことがあります。世の中に流れる情報の量が日々増加するなか、ターゲットが欲しいと思う情報が届きにくくなっているというのはおわかりいただけることだと思います。だからこそ、あるテーマに絞った情報を一括にまとめて、タイムリーに届ける「グノシー」「SmartNews」「NewsPicks」といったサービスが普及しているのです。

また、「テキストコンテンツを作成し公開することが終着だと思っている」という情報発信側の課題があります。そもそも**コンテンツマーケティングとは、「コンテンツをつくり、狙いとするターゲットに届け、マーケティング目的を達成する」という一貫した役割**があります。ここに、「ターゲットに届ける」という能動的な行為が含まれます。

よく、「面白い情報、役立つ情報なら受け手は喜んで見てくれる」と言われたりしますが、「**面白い情報をどのように届けるのか**」というところもきっちり考慮しておくことがコンテンツマーケティングの基本です。つまり、ユーザーが求めている情報をユーザーに届きやすいようにすることをしっかり意識しておきましょう。

‖‖ コンテンツマーケティングの基本 ‖‖

— コンテンツマーケティング —
ユーザーが問い合わせや購買などがしやすくなるように、顧客視点でユーザーが接する情報（コンテンツ）を提供するマーケティング施策のこと

基本1 ターゲットに「発見・選択・納得・共感・感情変化」を与えること

広告 ——一方通行→

販売や利用に
つなげることが
最大の目的

目的：注意・興味喚起
　　　記憶促進
手段：広告枠を買う

コンテンツ
マーケティング ——双方向⇄

企業・商品・サービスの
ファンベースを築くことが
最大の目的

目的：ファン構築・顧客を育てること
　　　興味喚起・記憶促進
手段：ストーリーテリング

基本2 コンテンツマーケティングは「長距離走」である

Step 5	ブランド・商品・サービス・企業を愛してくれる優良顧客に育てる
Step 4	購入した既存客に再訪してもらう。さらにファンになってもらい「再購入」してもらう
Step 3	見込み客（ファン）に商品・サービスを購入してもらう
Step 2	自社サイトに訪問した人を見込み客（ファン）に育てる
Step 1	自社・商品・サービス・Webサイト・ブログを発見してもらう

商品やサービスそのものではなく、それらを使うことのメリットを伝えるようにする

　コンテンツマーケティングでコンテンツといっても、ただ人々のアテンションを引きつけるものだけを出していても意味がありません。企業として伝えたい情報をその中に盛り込んではじめて「コンテンツマーケティング」として成立します。

　つまり、①アテンションを引く、②ユーザーにとって必要な情報が盛り込まれている、という条件を満たしていることがコンテンツになり得ると考えるべきです。

　ただ、ここで注意すべきことは、「コンテンツマーケティングのコンテンツはこうでなければいけない」という制約をつければつけるほど、「人に刺さらないコンテンツ」に陥りがちになることです。ビジュアルや動画など情報形態も含め、発想を自由にすることも大切に考えてください。

　以上のような考え方に則れば、コンテンツマーケティングは決して難しい取り組みではありません。

　たとえば、世界のホテルやレストランなどを格付けして紹介する、フランスのタイヤメーカーミシュランが発行する『ミシュランガイド』もコンテンツマーケティングの一種といえます。1900年にフランスで無料配布された初の『ミシュランガイド』には、ホテル情報のほかにフランス各地の地図やガソリンスタンド一覧、車のメンテナンス方法などが記されていました。これをきっかけにフランスでは自動車旅行が一気に普及し、それとともにミシュランのタイヤ事業も大きく成長しました。

　商品やサービスそのものを直接売り込むのではなく、その商品やサービスが内在する「利便性」や「楽しさ」をターゲットに感じ取ってもらうことを目的に実施する行為がコンテンツマーケティングです。

‖‖ 送る側と受ける側のニーズを満たす ‖‖

●「ターゲットの本音を見つけることができるか?」が基本

「企業が伝えたいこと」と「ターゲットが知りたいこと」の距離を縮める
にはどんなコンテンツがいいのかを考える。

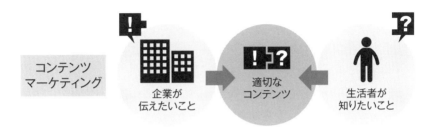

●コンテンツマーケティングの元祖「ミシュランガイド」

「ミシュランガイド」
ドライバーがドライブを楽しむための
ガイドブックを無料で配布

=現代に置き換えればタッチポイントは
「Web」「スマホ」「ソーシャルメディア」

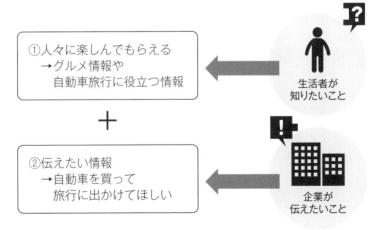

III 38 コンテンツのタイトル、見出し、本文のポイント

**わかりやすいタイトルや見出しのほか、本文は小分けにして
サクサクと読み進められるように配慮する**

　自社ホームページなどのオウンドメディアにターゲットを誘導する手法
として、現在では、①検索（SEO）と②ソーシャルメディア（SNS）の2
つが主な流入元になっています。

　**SEOとSNSの2つの流入元からターゲットに選んでもらうためには、
コンテンツの「タイトル」が非常に重要な役割を果たします。**

　たとえば、SEOから流入を狙うのであれば、検索されやすいキーワー
ドを盛り込みつつ、人々がどんな意図でそのキーワードで検索しているの
かを考慮してコンテンツをつくります。また、SNSからの流入狙いであれ
ば、意外性を演出したり、わかりやすい数字をタイトルに盛り込むことが
効果的です。ここでも、アテンションを獲得する手法が重要になります。

　Web媒体の経験が浅い人は「かっこいいタイトル」をつけたくなりま
すが、Webにおけるユーザーの行動パターンや心理を理解しないと効果
的なコンテンツマーケティングにはなりません。

　見開き2ページ分のコンテンツの閲読が可能な雑誌などと違い、Webコ
ンテンツは画面のサイズによって一目で見ることができる範囲が制限され
るため、読者がスクロールすることを前提で設計されています。

　**どれくらい長いかわからないWebページをひたすらスクロールしなが
ら、その中から知りたい情報を探すという作業はユーザーにとってストレ
スに感じます。このストレスを軽減してあげるためにも、Webコンテン
ツでは記事中に「入り口」を多くつくることがポイントです。**

　入り口とは「小見出し」「画像」「改行」など、ユーザーの読みはじめの
ポイントのことです。出版物では一段落が何行にもわたることが普通です
が、Webでは読みやすくするために文章を小分けにします。

|||| Webコンテンツの編集を覚えよう ||||

印刷物のメディアと比べて歴史の浅い「Webメディア」。確立されたセオリーや様式はなく、技術も日進月歩で変化している。そうしたなか、「見つけやすさとは何か？」「読みやすさとは何か？」「共有しやすさとは何か？」を常々考えることがWebコンテンツ制作者としてのスキルを上げることにつながる。

出版物は一目で記事全体を見渡せるため、自分が知りたい情報を探しやすいうえに、精神的ストレスも少ない。

Webは端末の画面サイズにもよるため、記事全体の長さがわからず情報を探しにくい。

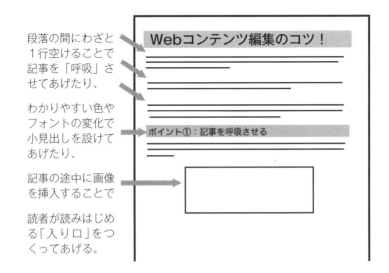

段落の間にわざと1行空けることで記事を「呼吸」させてあげたり、

わかりやすい色やフォントの変化で小見出しを設けてあげたり、

記事の途中に画像を挿入することで

読者が読みはじめる「入り口」をつくってあげる。

Webコンテンツ編集のコツ！

ポイント①：記事を呼吸させる

|||| 39　　コンテンツマーケティングのタブー

実施したことの成果を捏造するために、PVやUUなどの数値を操作してはいけない

　コンテンツマーケティングの効果測定に最もよく使われる指標が、「PV（ページビュー）」と「UU（ユニークユーザー）」です。PVはウェブサイトの閲覧回数、つまり、そのページがどれだけ開かれたかという数値の合計値です。UUは、ある期間内に何人の人がそのウェブサイトに訪れたかを測る数値の合計値です。

　ただ、この数字を上げることばかり気にして、小手先のテクニックで数値を「必要以上に増やそう」とすることがあります。

　たとえば、1つの記事を複数ページに分けて公開すると、1つの記事を読んだだけなのに、PVの数値を伸ばすことができます。もちろん、1ページに収めるには長すぎる記事を分割して読みやすくすることもありますが、意図的な数値稼ぎのために記事を小分けにしても、マーケティングとしては何の意味も持ちません。また、複数ページになることでUX（ユーザー体験）が悪くなり、最後まで読んでもらえなくなるかもしれません。

　PVやUUはコンテンツマーケティングの効果を知るうえで重要な指標ですので、その数値をどのようにして上げていくかを意識することは大切ですが、数値はあくまでも「指標」でしかありません。その指標に基づいて、想定したターゲットにきちんと情報が届いているか、マーケティング目標に適った行動をターゲットが行ってくれているか、その結果、事業の業績に変化が出てきたか、こうした施策を実施するそもそもの目的を達成するためのプロセス管理の指標がPVやUUです。その指標の役割をしっかりと押さえて活用することが、マーケターとしての責務でもあります。**コンテンツをつくってアウトプットしていくことは、あくまで手段であり、何のためにそれをするのかをじっくりと考えることが大切です。**

|||| 陥りやすいNGパターン ||||

ウケを狙いすぎてもダメだし、売り込みすぎてもダメ

ココをチェック！
- □ 当初の目的を忘れていませんか？
- □ 商品訴求ばかりしていませんか？
- □ 結局「何が言いたい」のですか？

データばかり気にしすぎてもダメ

ココをチェック！
- □ PV・UUのことばかり考えていませんか？
- □ 実行者ではなく批評家になっていませんか？

コンテンツに継続性がない

ココをチェック！
- □ 作業分担できていますか？
- □ 1コンテンツに長時間かけてませんか？
- □ 中間ゴールを設定していますか？

サイトデザインに凝りすぎるのにスマホサイトのことを考えていない

ココをチェック！
- □ 見た目が命と思っていませんか？
- □ サイト構築に予算をかけすぎていないですか？
- □ BtoBだからスマホサイトはいらないと思っていませんか？

コンテンツをつくりっぱなし

ココをチェック！
- □ ソーシャルメディアで発信してますか？
- □ コンテンツを広げる予算は考えていますか？
- □ SEO対策ばかり考えていませんか？

コンテンツマーケティングの種類

「感情訴求型」「ロジック訴求型」「認知獲得型」「購買型」の大きく4種類に分けられる

コンテンツマーケティングは右図に示したように、コンテンツの特性ごとに4つのカテゴリーに分類できます。

①ユーザーの感情に訴求するのに向いているもの（感情訴求型）

②論理的にユーザーを納得させ（ハウツー系など）、信頼を得るのに向いているもの（ロジック訴求型）

③ブランドの認知拡大に向いているもの（認知獲得型）

④実際の購買につなげるのに向いているもの（購買型）

たとえば、Instagramページで商品やサービスに興味を持ってくれたユーザーが、すぐにその商品を買ってくれるかというと、なかなかそうはいきません。

「買いたい」という気持ちになってもらうためには、次に自社サイト（オウンドメディア）に誘導し顧客情報を入力していただき、そのうえでメルマガを配信しさらに興味を刺激し、お問い合わせ、そして購買につなげていく——。こうした段階的なアプローチが必要です。

つまり、**ユーザーが顧客になるまでには、いくつかの心理変容の段階があり、その段階ごとにベストなコンテンツは変わってくるということです**。また、ターゲットが一般消費者なのか（BtoC）、企業なのか（BtoB）、メディア（BtoM）なのかによっても、発信するコンテンツは違ってきます。各コンテンツの特徴をよく知り、複数のコンテンツを臨機応変に組み合わせながら、戦略的かつ立体的なコンテンツマーケティングを行っていくことが成功への近道になります。

各コンテンツの特徴や使いどころは右図下に一覧にしてありますので、参考にしてください。

|||| 4分類できるコンテンツ ||||

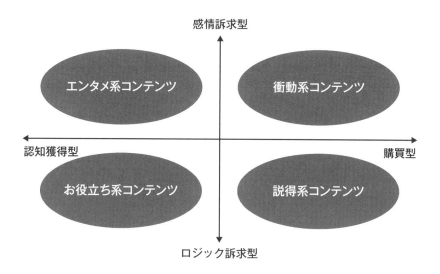

エンタメ系コンテンツ	人々が単純に「面白い」と思えるコンテンツ。一般的に「バズコンテンツ」といわれるのはこのタイプが多い。ヒットが生まれたときの爆発力が魅力。 例：PRマンガによるキャンペーン
お役立ち系コンテンツ	人々の悩みを解決するコンテンツ。ライフハックなどがこのタイプに入る。「困ったらすぐこのサイト」というふうに思われれば、リピーターは増えやすい。 例：YouTubeのセミナー系コンテンツ／ニュースサイト
衝動系コンテンツ	人々の感情に訴えかけ、すぐにでも行動を起こしたいと思わせるコンテンツ。主に人々の欲求に働きかけるようなものが多い。 例：ビールをゴクゴク飲む人の動画
説得系コンテンツ	商品の具体的な特徴やメリットを解説するコンテンツ。セールスメッセージが一番強く、購買にもつなげやすいが、購買後にも楽しめるような商品の意外な使い方なども盛り込むと効果的。 例：YouTubeなどの商品・サービス紹介動画

||| 41　BtoB向け顧客獲得型コンテンツ

「ロジック訴求型コンテンツ」を活用し、ターゲットを絞り込んで、相手先との関係性を構築していく

　企業の担当者などが訴求ターゲットの場合、マーケティングの目的としては、「ターゲット企業から問い合わせをしてもらい、最終的には顧客になってもらうこと」となります。**ターゲット企業から問い合わせしてもらうには、相手企業の実利につながる情報を提供することです。**

　具体的に有効な情報は、ビジネスに活用できるお役立ち情報やデータなどです。「弊社のサービスを導入すると、御社にはこんなメリットがあります」とか「これを実現するには、こんなやり方があります」「海外ではいま、このようなやり方が成果をあげています」といったことを具体的なデータやノウハウを示したりして、ターゲットにわかりやすく伝えるのです。これには、「ロジック訴求型コンテンツ」が有効です。

　そのコンテンツを想定ターゲットに拡散するには、Facebookページやフ Facebook広告でターゲットを絞り、メルマガやLINEのお友達などで相手と密接かつ継続的にコミュニケーションを図り、お互いの関係性を深めていくことです。

　その目的のもとでは、WebサイトのPVはあまり気にしなくてもいいでしょう。何人に見てもらうかよりも、どんなユーザーに、どれだけ深く見てもらっているかが大事だからです。自社の商品やサービスを導入してくれそうな相手にコンテンツがヒットしているかどうかを気にすべきだということです。

　さらに、ごく基本的なことですが、コンテンツの目立つところに、必ず自社の電話番号やメールアドレスなどの問い合わせ先を明記します。また、サイト上に「お問い合わせボタン」も設置します。興味を持ったターゲット企業がすぐに連絡を取りやすくするためのUXに注力します。

|||| 「BtoB」に効くコンテンツ ||||

業界全体を牽引しているようなイメージを与えるメディアを立ち上げ、業界に特化した調査情報、最新事例、お役立ち情報などで担当者を引きつけていく。

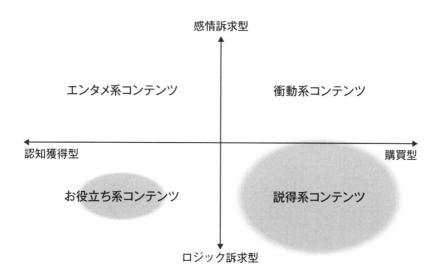

BtoB型メディアは多くの人々の目に触れることではなく、潜在顧客に直接アプローチすることが目的。そのためには業界内のネットワークでシェアされる「説得系コンテンツ」および「お役立ち系コンテンツ」を多く盛り込む必要がある。

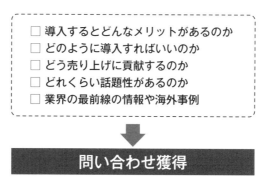

BtoC向け見込み客獲得型コンテンツ

ソーシャルメディアで誰もが話題にしてくれることを意図した「面白いコンテンツ」づくりにアイデアを駆使する

　ターゲットが一般消費者である場合のマーケティングの目的の1つに、「自社の知名度を上げ、ブランド化を図ること」があります。

　この目的を達成するコンテンツのカテゴリーは、消費者の心に訴えかける感情訴求型やロジック訴求型です。たとえば、自社の商品を見せて、「面白そう」「カッコいい」「食べてみたい」「試してみたい」などと思ってもらうようにすることです。

　それには、「アテンションを引く面白いコンテンツであること」が条件です。ターゲットが面白がって話題にしてくれるようなコンテンツのことを「バズコンテンツ」といいますが、ソーシャルメディアやクチコミで広がる（buzz）ことを意識するのです。

　バズコンテンツはYouTubeなどを利用した動画に多く見られます。企業からの発信では、資生堂「High School Girl？　メーク女子高生のヒミツ」は女子高生のメイクを落とすと全員が男の子だったという展開が話題となり、バズりました。

　日清食品「チキンラーメン　アクマのキムラー『プッツンタイマー』」はチキンラーメンのキャラクターが缶飲料のタブを引き抜こうとしたらタブの持ち手が取れてしまったり、レジで並んで順番がきたと思ったらレジが閉まってしまったりとストレスのタネとなる日常的なあるあるネタを3分間で見せていくアニメーションの面白さでついツイートしたくなるものでした。

　この例のようにバズコンテンツは、アテンションを獲得するには非常に効果的です。そして、ここで得たインパクトをどのように継続（リレー）していくかが、次に大事な作業となります。

|||| 「BtoC」に効くコンテンツ ||||

長期的な取り組みにより潜在層を顕在化し、ファンへ育てていくブランディング活動の1つのプロセスであることを認識して、地に足をつけて取り組む。

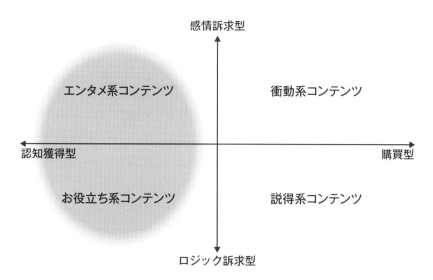

BtoC型メディアの場合、目的によってコンテンツの種類は変わるが、概ね「エンタメ系」「お役立ち系」の比率が多くなる。ただ、すでにブランドイメージが確立されている場合は「衝動系」も必要。

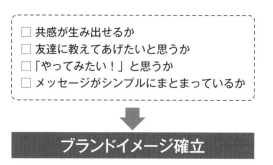

IIII 43　ソーシャルメディア型コンテンツ

潜在的なニーズを掘り起こし、認知拡大が期待できるソーシャルメディアの特性を活かすコンテンツが大原則

　前項に引き続き、ここでは一般ユーザーにSNSで拡散されることを意図した施策についてのポイントを解説します。

　ソーシャルメディア型コンテンツは、アテンションを促し、潜在的なニーズを掘り起こし、自社・商品・サービスなどの認知を拡大したい場合に有効です。それに対して後ほど解説するSEO型コンテンツは、すでに顕在化しているニーズを満たし、検索エンジン経由でユーザーを呼び込むのに適しています。

　あまり検索はされないけれども他社にはないオリジナリティのある商品・サービスを扱っている会社や、一般の人たちには認知がされにくいニッチな業界などが、ソーシャルメディアを上手に用いると、「へえ、そんな面白いことをやっている会社があるのか！」と、初めて知り得る情報として反響が得られやすくなります。

　ソーシャルメディア型コンテンツでは、次のようなことに注力します。

- **気づきを与える内容**：驚き・発見・共感・納得などのコンテンツ。

- **話題性の高い内容**：シェアしたくなったり、クチコミを誘引することを意図したコンテンツ。

- **ユーザーとコミュニケーションが取れる内容**：見た人から意見やコメントが返ってきやすいコンテンツ。人々の考えていることを掴んだり、ニーズを確かめたりすることで、商品・サービスのマーケティングに反映させます。たとえば、占いや性格診断、あるあるネタなどは、読んだ人がコメントを残してくれやすいものの代表。

- **シリーズ化できるコンテンツ**：定期的かつ継続的に情報発信するコンテンツ。長いスパンで関係性を継続させることを意図します。

IIII 「SNS型」に効くコンテンツ IIII

ユーザーに気づきを与えるとともに、共感を生むコンテンツに注力することで、さらなる拡散を促すことができる。

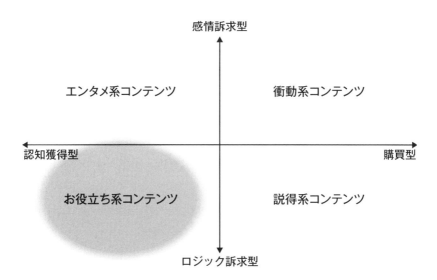

SNS流入を目的とするニュースメディアの場合、オリジナルコンテンツ以外にも他媒体のコンテンツも積極的に取り上げるため、認知目的でもとくに「お役立ち系」のコンテンツが重要になる。

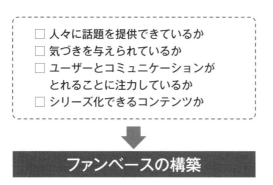

IIII 44　BtoM向け広報型コンテンツ

BtoMのMはMedia。メディア側が掲載したいと思える、信憑性の高い情報を発信する

　広報型のコンテンツマーケティングとは、「マスメディアが報じたくなるネタをオウンドメディアで提供し続ける」ことを目的としています。このとき、メディアが能動的にリサーチしにくる仕掛けをつくることが第1章で説明したメディアインバウンド戦略です。

　テレビ・ラジオ・新聞・雑誌などのマスメディアをターゲットにするには、「記事にしたい情報は何か？」というように、メディア側の視点でアイデアを練ること、メディアが掲載したくなる情報を考えることです。たとえば、次のようなことです。

- **事実に基づく情報**：新しい事実についての情報、客観的な数字や調査に基づく情報、事実についての詳細な情報など。
- **専門家の意見や見解**：その道に精通している人や第一人者などのインタビュー・記事・コメント、専門家の監修を受けた情報など。
- **ニッチな情報**：「ここでしか手に入らない」など希少性の高い情報、ある分野に特化した情報のまとまり、表に出ていない潜在的な情報など。
- **一次情報**：独自で手に入れた情報、裏付けのある情報、情報源がたどれる情報など。

　BtoM向けコンテンツで大事なのは「信憑性」です。誇張したり、曖昧さの残る情報ではメディアは相手にしてくれません。

　広報型コンテンツを公開するプラットフォームは、オウンドメディアが基本です。価値ある情報をここに蓄積することで、メディア側が閲覧しに来ることもあります。そして、プラットフォームに誘導するには、プレスリリースを発信したり、SNSで拡散したり、SEO対策まで含んでメディアの注意を引く施策を構築していきます。

IIII 「BtoM」に効くコンテンツ IIII

広報戦略をしっかりと構築・実行できれば、広告予算を抑えることだけではなく、大きな認知を効果的に獲得できる。

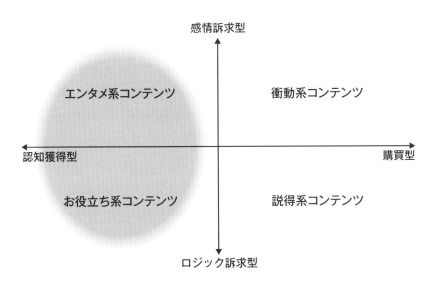

BtoM型のメディアは、その業界の専門家として信憑性のある情報を、世間のニーズにあったかたちで出す必要がある。必然的にセールスメッセージの高いものより、認知度獲得に寄せたコンテンツが好まれる。

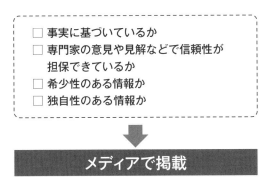

‖‖‖ 45   検索流入を促すSEO型コンテンツ

検索需要に合わせたコンテンツを発信することで、オウンドメディアへの流入を促す

SEO型コンテンツは、検索されるように意図してつくるコンテンツです。**実際に検索されたキーワードや、検索ニーズがありそうなキーワードに合わせてコンテンツをつくることで、ユーザーの流入を促します。**

たとえば、料理のレシピサイトや、悩み相談のQ&Aサイトなどがこれに該当します。料理のレシピやQ&Aの記事を質・量ともに充実させることで、たくさんの人がコンテンツを利用してくれるようになります。それをきっかけにして、自社の存在を認知してくれたり、自社サイト（オウンドメディア）に訪問するユーザーが増えたり、顧客になってくれたりすれば、マーケティングとして成功です。

一般的にSEO型コンテンツは、まずは検索されることが前提のため、一般の人が知ることが少ないニッチな業界には向いていません。

しかし、自社が属する業界には必ずシェアNo1の企業があり、顧客を獲得しているのですから、そこに何か糸口はあるはずです。「その糸口は何か？」「ターゲットはどのようなキーワードで検索しているのか？」を想像し、検証することで、ニッチな業界であっても打開策は必ず見つかります。

ちなみに、SEO型コンテンツはその特性上、単発記事の寄せ集めになりがちです。コンテンツ全体を見たときに一貫性がなく見えることがありますが、これは決して悪いことではありません。

コンテンツとしての一貫性を持たせるために、記事と記事をつなぐ記事を挿入するやり方もありますが、ユーザーの多くは自分が知りたい情報だけ手に入れば満足で、他の記事まではあまり読みません。どこまで一貫性にこだわるかは、目的によります。

|||| 「SEO型」に効くコンテンツ ||||

すでに顕在化しているニーズを満たし、検索エンジン経由でユーザーを呼び込むことを意図する。

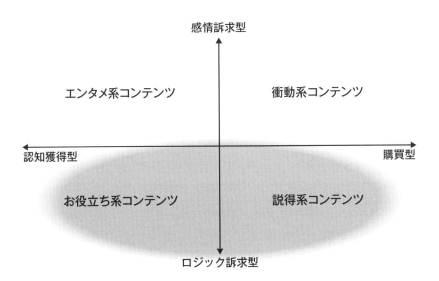

SEO向けコンテンツは、検索した人の知りたいことや悩みに応えることが最も重要なため、「お役立ち系」と「説得系」の比率が増える。

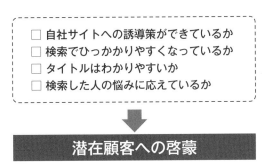

|||| 46　ビジュアル系コンテンツを活用する

**コンテンツマーケティングの主流デバイスがPCからスマホや
タブレットに移行していることを念頭にコンテンツを考える**

　従来、日本におけるコンテンツマーケティングといえば、検索エンジン
最適化（SEO）を目的としたものが主流でした。そのため、「コンテンツ
マーケティングといえば、キーワード検索するためのテキストコンテン
ツ」という認識が少なからずあるようです。

　いま、最も注目度が高いコンテンツは、動画、写真、スライドをはじめ
とするビジュアル系コンテンツです。ビジュアル系コンテンツには、「相
手の興味を引きやすい」「コンセプトを伝えやすい」「印象に残りやすい」
といった長所があります。何よりもソーシャルメディア上でシェアされや
すいという点が強みになります。

　ただ、ビジュアル系コンテンツは、動画、インフォグラフィックス、ス
ライドなど制作に手間と時間がかかるため、テキストコンテンツのように
頻繁に発信し、継続させていくことが容易ではありません。まずは無理を
せず、ゆるやかなスケジュールを決めて、テキストコンテンツの合間に発
信するなどして慣れることです。

　また、コンテンツマーケティングは、情報を発信したその瞬間よりも自
社Webサイトにアーカイブしているコンテンツのほうが検索されやすい
ことがあります。たとえば、キャンペーン情報や動画などがこれにあたり
ます。自社に興味を持ってくれそうな見込み客に向けて、動画による商品
やサービスの面白い使い方などを定期的に更新していくことで、その企業
の商品の使い方集などが蓄積されていきます。その情報アーカイブでユー
ザーを誘引し、自社のファンづくりなどに展開します。このとき、ユー
ザーにとって「面白くてためになる情報」であることと、その情報がどん
なデバイスでも閲覧できることが大切です。

‖‖ スマホを意識したコンテンツマーケティング ‖‖

日本のコンテンツマーケティングはSEO対策に注力するため、「テキストコンテンツ」を量産すること＝コンテンツマーケティングという誤解が生じている。

しかし、コンテンツマーケティングの真価が発揮されるのはデバイスやプラットフォームの特性に合わせた「コンテンツ」である。

つまりはソーシャルメディアやスマートフォンで思わず見てしまうコンテンツとは何かを考えるべきなのだ。

コンタクトポイントとなるデバイスの主な使用用途

使用用途
・検索＝リサーチ
・業務遂行、連絡
・暇つぶし

使用用途
・コミュニケーション
・暇つぶし
・娯楽鑑賞

PC・スマホともに動画表現・ビジュアル表現にも適しており、とくにスマホでのビジュアルコンテンツ（動画・写真・グラフィック）閲覧は急増している。

テキスト	ビジュアルコンテンツ	動画
制作コスト／安い 制作時間／短時間	制作コスト／テキストより高い 制作時間／テキストより長時間	
＝差別化しにくい	＝差別化できる	
コラム ＆ ニュース	写真 ＆ グラフィック	バイラル系 動画
ブログ	インフォグラフィックス	定期配信型 動画
メルマガ	インタラクティブ コンテンツ	ライブ動画 セミナー動画
プレスリリース メディア向け資料	スライド資料 ＆ 電子書籍	ハウツー系 動画

‖‖ 47　動画コンテンツを活用する

短時間で多くの情報が伝えられ、ソーシャルメディアとの相性がいい。ポイントは最初の5秒で訴求対象を掴むこと

　動画型コンテンツを活用するマーケティングといえば、YouTubeが代表的です。現在、YouTubeでは毎分500時間以上の動画が世界中からアップロードされていると言われています。

　これらを投稿できるプラットフォームに加えて、Twitter、Facebook、Instagram、Snapchat、TikTok、17LIVEなどの動画アプリが充実してきました。これらに後押しされるかたちで、動画市場は今後さらに本格化が進むでしょう。

　動画コンテンツの魅力は、文章や画像だけでは伝わらないニュアンスを伝えやすいこと、そして、短時間で多くの情報を伝えられることです。さらに、ソーシャルメディアとの相性の良さもあります。動画コンテンツは、テキストや写真、URLリンクなどのコンテンツに比べて、オーガニックリーチ（タイムラインへの表示のされやすさ）が高いことが調査からもわかっています。

　ただし、制作にあたっては、予算が高くなりがちであること、チーム編成が必要なこと、企画力が求められることなどハードルが高い点もあります。予算面については、スマートフォン単体で撮影・編集することも行われており、場合によっては自社での低コスト制作も可能です。

　動画コンテンツは1〜2分以内に収めるのが望ましく、とくに冒頭の5秒が勝負になります。これはYouTubeの場合、最初の5秒間の動画広告が流れた後は、ユーザーがスキップできる機能があるためです。つまり、冒頭の5秒で「見ていたくなる動画」にする必要があるのです。

　動画の種類としては、CM、ショートムービー、セミナーや講演の動画、ライブ中継などがあります。

‖‖ 動画マーケティングの実施ポイント ‖‖

バイラル系動画 （注意喚起）	●笑い、驚き、お涙モノなど様々なバイラル動画が存在するが、それらすべてはソーシャルメディア上で共有され、見た人の「注意を引く」「興味を持ってもらう」ことが目的。 ●多額の予算をかければ世界中でヒットするバイラル動画を生み出せるかというとそうではなく、見る人の感情を動かす企画であるかどうかがキーポイント。
コマーシャル動画	●テレビのCMの延長と考えてもよい。YouTubeや動画枠などで繰り返し見てもらうことで、商品・サービスの記憶を促進し、ブランド想起、購買につなげていくことが目的。 ●テレビCMと違う点はスキップされやすいこと。 ●最初の5秒間で心を掴めるかどうかがキーポイント。
解説型動画 （HOW TO型）	●オウンドメディアなどで商品やサービスを紹介する動画。インフォグラフィックスやアニメーションで表現しているものが多い。 ●すでに興味を持っている人がターゲットのため、「より深く理解してもらうにはどうすればよいか？」を考えることがキーポイント。
定期配信型動画	●YouTubeチャンネルやFacebookページなどを通じて定期的に動画コンテンツを公開していくタイプ。いわゆる番組であり、再訪を促したり、ファンを構築していくことが目的。 ●定期的に番組制作できるチーム体制と視聴者拡大戦略および予算の確保がキーポイント。
ライブ配信型	●ニコ生やYouTube Live、17LIVE、Instagram Live、Zoomなどを使って現在の状況を伝えるライブ番組。 ●セミナーや講演など、そのときしか見ることができないプレミアム感や期間限定を打ち出すことがキーポイント。

インフォグラフィックスを活用する

企業が持つ数値データをグラフィック化して、独自のコンテンツを生み出す

インフォグラフィックスとは、「インフォメーション（情報）」と「グラフィックス（視覚表現）」を合わせた造語です。たとえば、新聞・雑誌・教科書などで見かける図解やグラフ、地図、電車の路線図など文字や数値のみで構成された情報を、体系立って、図を用いてわかりやすく表現したものがインフォグラフィックスです。

このインフォグラフィックスをWebや動画などのマルチメディアに活用していこうというのが、近年のコンテンツマーケティングの流れです。

日々、膨大な量の情報に接触するようになり、情報発信における競合との差別化、ひいてはターゲットに有益かつ効率的な情報体験を促すために「いかにわかりやすく情報を伝えるか」が非常に重要なポイントなってきました。

インフォグラフィックスはコンテンツマーケティングだけでなく、広報領域でもその力を発揮します。たとえば、自社に関するデータやアンケート調査データをインフォグラフィックスにまとめて発信することで、これまで採用されたことがないメディアに掲載されたり、情報自体の面白さからソーシャルメディア上でクチコミされたりします。

それらを実現するうえで注力したいのが、データがいかに「面白くてためになるか」を見る目を養うことです。自社のターゲットやメディアが「興味・共感・驚き・納得するような数値データとは何か？」を見出す力をつけることです。そのうえで、ユーザーに伝えたい情報をいかにひと目で見てわかるようにどのような表現が最適なのかを模索する編集力です。

データ全体を見渡してその要点をシンプルにまとめあげていくスキルが、インフォグラフィックスを扱ううえで大きなポイントになります。

‖‖ いますぐデータをコンテンツ化していこう！ ‖‖

企業の中にあるデータをコンテンツ化する最適なビジュアルコンテンツ。それが、「インフォグラフィックス」である。

```
┌─────────────────────────────────┐
│  コンテンツマーケティングの課題      │
│                                     │
│  ●ネタがない／ネタが他社とかぶる      │
│  ●差別化が難しい                    │
│  ●注目を集めることができない         │
└─────────────────────────────────┘
```

インフォグラフィックスで解決!

出所：トースト総合研究所Webサイト

- 有効なWebコンテンツになる
- 企業の中に必ずデータはある
- 業界に関連するオープンデータは必ずある
- 他社が実施できていない
- 即効性とロングテール効果の両方が期待できる
- わかりにくいことを理解してもらいやすい
- 国境を越えたコンテンツになる
- メディア向けのコンテンツにもなる

|||| 49　　インフォグラフィックスの使い方

**伝えたい内容を一目で理解してもらえる。テキストの補強や
アイキャッチ、SEO対策などに活用できる**

　インフォグラフィックスを使った情報発信では、「目立てばいい」「面白
ければいい」とばかりに、図に凝り過ぎて何を伝えたいのかがよくわから
ないことに注意が必要です。**あくまでインフォグラフィックスの本質は、
ターゲットに対し、その情報が持つ価値をわかりやすく、効率的に伝え、
理解を促すことです。**

　そうしたインフォグラフィックスの機能をより良く活用するには、コン
テンツ制作を依頼する担当者と、作り手であるクリエイターが情報を精査
して、ターゲットに届きやすい見せ方を考えることです。そのためには、
「誰に」「何を」「どのように届けたいのか」というマーケティングの基本
を関係者で共有します。そのうえで、以下に示すインフォグラフィックス
の活用例を参考に、自分が取り組むコンテンツマーケティングにどのよう
に活用できるかを想像しながら、作業を進めるとよいでしょう。

　①テキストコンテンツの補強・解説としての活用

　テキストだけでは理解が難しい内容や、長くて読むのが大変な文章など
を、図解やグラフなどを用いて見ただけで概要が掴めるようにします。

　②注意を引くアイキャッチとしての活用

　Facebookで「いいね！」を多く獲得する、Twitterでたくさんリツイー
トをもらうといった目的にはインフォグラフィックスは相性がいいといえ
ます。感動的なビジュアルであれば、それを見た人の印象に残るだけでな
く、SNSならではの拡散が期待できます。

　③アーカイブ化でロングテールSEOを狙う

　ロングテールSEOとは、特定のキーワードだけでなく、様々な関連
キーワードで上位表示させ、ターゲットを取り込むことです。

⫽⫽⫽ インフォグラフィックスの活用例 ⫽⫽⫽

インフォグラフィックスは、スライド資料、ポスター、動画、社内報や営業資料、
プレスリリースやニュースコンテンツなど様々な用途で活用されている。

【ソーシャルメディアコンテンツとして活用】

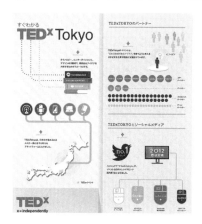

インフォグラフィックスの特徴はWeb上
で発表すると、面白いものに関しては
ソーシャルメディアでどんどん拡散して
いくことである。テキストに頼らなけれ
ば海外まで拡散することもよくある。

● TED
日本国内でTEDの認知向上および、日本
での活動を世界に向けて発信するために
発表したインフォグラフィックス。日英の
両方を制作

● 東京都北区 – クリアフォルダに北区に
関する数値をインフォグラフィックス化
し、区民に配布した

● 雑誌 – R35（R25増刊）
特集ページに調査データをわかり
やすくインフォグラフィックス化
し読者のアテンションを獲得

IIII 50　　インフォグラフィックスに入れるもの

1つのインフォグラフィックスに盛り込む要素は3つ以内に留め、見る人が人に伝えたくなるようなコンテンツに注力する

　インフォグラフィックスをつくる際のコツは、1つのインフォグラフィックスに入れる要素を"最大3つ"までに絞ることです。そのうえで大事なことは、見る人々が立ち止まって、「へえ」「なるほど」と感動してくれたり、「こんな面白いデータを見つけたよ！」「こんなの知ってる？」と人に伝えたくなったりするコンテンツにすることです。

　データから重要なポイントが見つけられない場合は、極端に低い、あるいは高い値など数字の違和感や目立つ部分に着目します。あるいは、男女差、年齢差、地域差など、いくつかの数値を比較してみて、その差が意味することを考えます。

　「みんなAだと思っていたら、実はBだった」のように、固定観念や先入観を覆すような数字が見つかると、とてもインパクトの強い、面白いインフォグラフィックスになります。たとえば、食パンの消費量であれば、東京や大阪が高いのかと思いきや、意外にも鳥取が全国1位（総務省統計局「家計調査」より）であったり、YouTube利用率が最も高いのは意外にも佐賀県（NTTドコモモバイル社会研究所「YouTubeの利用動向に関する調査」より）であったりと、多くの人の「暗黙知」や「想定」「期待」を良い意味で裏切る情報に着目します。

　また、比喩や暗喩を用いるのも注意を引きつけるうえでは有効です。

　たとえば、直接的な比喩であれば、ラーメンのカロリー比較をインフォグラフィックス化するとき、カロリー値を示す棒グラフを「ラーメンの麺」に置き換えてみる、想像を掻き立てる比喩であればカロリー値を世界の高い山々にたとえてみるなど、見ている人が楽しくなる比喩を使うとより強く印象に残ります。

116

‖‖ インフォグラフィックス作成上のポイント ‖‖

インフォグラフィックス制作の過程はデザイナーでなくとも学ぶべきことがたくさんある。なかでも日頃からプレゼンテーションの機会が多いマーケターにとってはスライド資料の作成に必ず役立つはず。「情報整理→構成→図解表現」の流れは身につけておきたいスキル。

【無駄な情報を排除し、分類する】

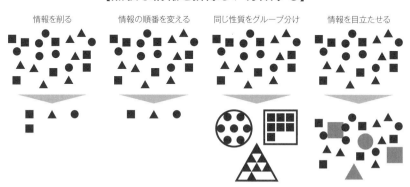

【シンプルな表現を心がける】

意識して○と□と→だけで表現してみよう

ビジネスので場面では必ず「何を」、「どうするか？」があるはず。「何を」を○で、「結果」を□で表現し、→でその過程・方法を解説すれば、直感的でシンプルに理解してもらいやすい。

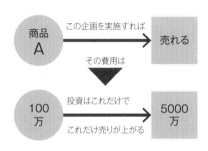

【暗黙知を利用する】

「暗黙知」とは、私たちが生きてきた間に刷り込まれた共通の認識、共通の情報のこと

たとえば、いくつかの四角と四角を矢印でつなげば流れや順番を示すことを暗黙知として持っている。小さい円と大きな円を書いてそれを→でつなげば「拡大」や「成長」と理解する。多くの暗黙知を理解して利用しよう。

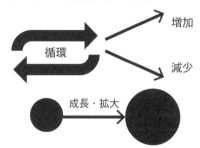

株式会社 秤 代表取締役社長

小川 貴史氏（複業マーケター）

複業マーケターを自称されていますが、仕事の内容を教えてください。

　アドバイザー、デジタルマーケティングマネージャー、エバンジェリスト、アンバサダーなど複数の業務を受託し、そのうちいくつかは役割を公開しています。前者2つはこれまでのマーケティングコミュニケーション全般の実行支援経験と戦略策定のためのリサーチ経験、そして研修講師の経験を活かしています。後者2つは、データリサーチツールを多数使ってきた経験を活かし、私個人のSNSアカウント（noteやTwitter）で発信しています。

テクノロジーの進化の一方で、デジタルマーケティングの本質は10年以上変わっていないように感じられますが、どう思われていますか？

　「デジタルマーケティング」という言葉について、私は「Webマーケティング」よりもさらに広い概念として捉えています。「デジタルテクノロジーを活かしたサービスデザインまたは経営」といったところでしょうか。本書でも、「デジタルマーケティング」については「デジタルテクノロジーを活かした、またはデジタルなチャネルを接点としたコミュニケーション」と捉えているのだと感じられました。その場合、確かに本質的にはほとんど変わっていないのではないでしょうか。

現在取り組まれているMMM（マーケティング・ミックス・モデリング）では何ができるのか、教えてください。

　MMMとは、マーケティングによって得られた効果を分析できる方法のことです。MMMや分析というと難しく聞こえるかもしれませんが、エク

セルと時系列データがあれば、誰でも分析できるようになります。とくに私が書籍や研修で共有している回帰分析をアレンジした方法（残存効果や非線形な影響などを考慮して予測精度を上げるもの）であれば、個人商店の販促の効果検証と最適化にも使えます。

MMMの導入・普及が進んだ場合、デジタルマーケティング業界はどのように変化するのでしょう？

　MMMが各企業に深く導入・浸透することで、「ネット取引の売り上げ」だけでなく「リアル取引の売り上げ」の効果もきちんと定量化できるようになります。

　仮に、ネット広告に年間5億円投下して、トラッキングできる観測値からネットの売り上げを把握したとします。そこでさらにMMMで分析することで、ネット広告費5億円の倍以上のリアル売り上げを純増させていたといったように、より詳細な分析が可能になります。つまり、リアル売り上げへの効果を企業がMMMで正確に把握できれば、デジタルマーケティングによる効果を正しく受け入れることができるのです。

　実は日本のBtoCの購買取引のうち、ネット取引は2割を超えていません。残り8割のリアル取引にデジタルマーケティングがどのくらい貢献しているかを多くの企業がMMMで把握できるようになれば、デジタルコミュニケーションへの投資の増加につながると考えています。

とくに注力されている広報・PRの効果検証に挑戦しようと思われたのはなぜですか？

　もとから、PR業界の広告媒体換算の考え方には疑問を感じていました。現在MMMで説明変数の1つとして活用することも多いネット広告は、ビッティング（入札のこと）や広告内容のマッチングで判別するスコアによるエコシステムから機械的に価格が決まります。

　ですが、マスメディアの広告費は媒体社が独自に決めたものを基準にし

た相場価格です。PR業界の媒体換算はこうしたものを参考にしています。長く広まってきた常識を簡単に変えるのはかんたんではありませんが、ここに一矢報いるべく、MMMで売り上げや検索数など、ファクトベースの数値に対して、それぞれの施策がどれだけ貢献しているかを定量化することをPR業界の効果検証のスタンダードにすることに挑戦してみたくなったからです。

座右の銘は「マーケティングサイエンスをもっと身近に。」ですが、マーケティングサイエンスとは具体的にどういうことでしょう？

　日本を代表するマーケター森岡毅氏と今西聖貴氏の共著書『確率思考の戦略論』で紹介されていたエピソードに、森岡氏が低迷していたUSJを再建する過程で、最大の投資（450億円）となったハリー・ポッターエリアのオープニングに当時の安倍首相がかけつけたニュースが日本中に伝わったことで認知度が100％となり、事業を成功に導いた事例があります。事前の需要予測と事業計画によるハリー・ポッターエリアで達成すべき追加集客は、200万人と予想されていました。それに必要な認知レベルは全国90％。広告を投資できる限界まで割いてもそれだけでは75％が限界と捉え、残り15％を埋めるためにネットを使ったデジタルマーケティングとPRに焦点を定めたそうです。

　このハリー・ポッターの施策のように、MMMに取り組んできた私からすれば「必要な認知レベルと集客の関係性、広告投資（拠出の限界）で、何％までは達成できる」と、すべてサイエンスで説明できます。PR、ひいてはマーケティング全体にサイエンス的考え方がさらに浸透するために、日々発信活動を行っているのです。

アテンション獲得を目的としたデジタルマーケティングは従来のCPA特化型とは異なりますが、このことをどう思われますか？

　CPA（顧客獲得単価）によるデジタルコミュニケーションの評価と、

MMMによる評価と双方を見ることが大事なのではないでしょうか。あと、私はTVCMのようにデジタルコミュニケーションでマスリーチを活用することを常に意識しています。そのように大きい規模で施策を行わないと、MMMでリアルな行動変容による効果を証明することが難しい側面もあるためです。マスメディアによる態度変容の施策実行経験がなく、Webマーケティングの経験しかない人がCPAだけを追いかけていると、細かい数値を見て一喜一憂することにリソースを費やしてしまう可能性があります。デジタルマーケターはマスメディアのような影響をデジタルコミュニケーションによってもたらす、態度変容を起こす視点を持つことが重要だと思います。

デジタルマーケティングに携わる方へのメッセージをお願いします。

　リアル取引での態度変容に目を向けて分析して、効果を捉えることは、デジタルマーケティングでは普及しきっていません。その分、まだまだ"伸びしろ"があると感じています。また、デジタルマーケティングをコミュニケーションの範疇に収めず、「デジタルテクノロジーを活かしたサービスデザインまたは経営」と広く捉えると、さらに視野が広がります。

　現在、私は個人データ活用のゲームチェンジを意識した社会基盤の実装を支援する活動（非公開案件）に注力しています。そのため、さらに先の動向をキャッチアップする重要性をひしひしと感じています。

　そこで、すべてのマーケターが常にデジタルマーケティングの常識を疑い、視野を拡げることが、今後のデジタルマーケティングの価値をさらに上げることにつながるのではないかと思います。私もまだまだ、その可能性を模索している途中です。デジタルマーケティングのライバルでもあり、いわば同志でもある皆さんとともに、今後も切磋琢磨していきたいと考えています。

第 **3** 章

双方向コミュニケーションの
ソーシャルメディア

消費者が自主的・自発的に参加できる特徴を活かし、アテンションや商品・サービスの開発などにつなげる

メディアや広報・PR戦略、広告といったマーケティング手法は、企業側から消費者へ向けて発信される一方通行のコミュニケーションです。これに対して、TwitterやFacebook、Instagramなどソーシャルメディアを用いたマーケティングは、企業側と消費者側とが双方向でコミュニケーションすることができることが最大の特徴です。

ソーシャルメディアでは、企業が投げかけた情報に対してユーザーから「いいね！」「シェア」「コメント」「お気に入り」「保存」などの反応があることを「エンゲージメント」といいます。

エンゲージメントによって、企業側は消費者の気分やニーズ、世の中のトレンドなどを知ることができます。また、コメントなどを寄せてくれたユーザーに対して、企業側が返事を書いたり、話しかけたりすることで、相互コミュニケーションが生まれ、信頼関係の構築やファンづくりがなされていきます。

そして、**相互コミュニケーションを重視することが、ブランドに忠実なロイヤルカスタマーを育てることにつながります。また、率直な感想や反応を分析することで、商品・サービスの開発や改善にも役立てられます。**

ソーシャルメディア以前は、消費者との相互コミュニケーションはカスタマーサポートセンターや店頭販売などを除けば、なかなか容易に図ることができませんでした。その点において、一方的に投げかけられるだけの情報ではなく、消費者が自主的・自発的に参加していけるソーシャルメディアは、もはやデジタルマーケティングに欠かせない必須のツールといえるわけです。**消費者が主体的に企業に働きかけることができる利点をいかに活用するか、それがデジタルマーケティングの成否のカギとなります。**

|||| ソーシャルメディアのマーケティング的役割 ||||

● 潜在顧客と既存顧客との交流の場

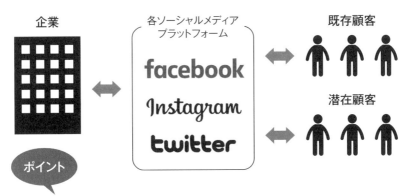

- ●「交流の場」のために生まれたプラットフォームは1つもない
- ●友人同士、家族、会ったこともない人が気軽にコミュニケーションできるプラットフォームであることを理解する

● ソーシャルメディアマーケティング基本の「き」

- ●「不規則なユーザー同士のつながり、コミュニケーションに企業が入り込んでいく」ことである
- ●そのため、土足でズカズカと上がり込んでは失礼であり、嫌われてしまう
- ●まるで友人との気軽なコミュニケーションかつ礼節に配慮することで友達同士の輪に入ることができ、信頼のある双方向コミュニケーションができる

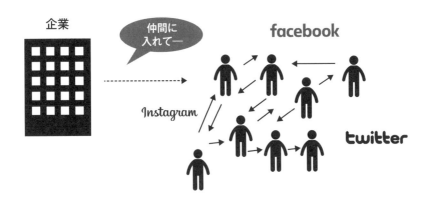

SNSの特性を理解する①
情報拡散

面白くて、役に立つ投稿がバズると短時間で情報拡散が起こるが、炎上のリスクマネジメントも行う必要がある

　SNSはシェア（Twitterの場合はリツイート）をされると、情報が拡散していくことが特徴です。とくにTwitterは拡散力が強く、企業がマーケティングで活用する場合、少ない費用や労力で何十万というユーザーに短時間で情報を広めることができます。このように情報の拡散の規模が大きいことを「バズる」と表現します。がやがやと騒ぎたてるという意味のbuzzから来た言い方です。「バズる」ことは、一般的にプラスの現象と捉えられており、私たちカーツメディアワークスでは、「自社の情報をSNSで発信してバズらせたいのだけれども、どうしたらよいですか？」という相談を受けることがよくあります。

　バズらせるには「面白い」「役に立つ」投稿にこだわりぬくことです。ただ、バズった結果、売り上げが急激に伸びていきますが、すべての商品・サービスに当てはまるわけではありません。投稿内容やYouTube動画の面白さが話題になってバズっても、そのインパクトだけが印象に残り、肝心の商品やサービスがまったく想起できないケースが意外に多くあるからです。情報発信者がブランド企業であればその企業名だけでも記憶に残る場合がありますが、そうでない場合はアテンションの獲得ということでは意味をなしません。

　ところで、SNSの拡散力はもろ刃の剣であることに注意が必要です。もし発信情報そのものが人によっては不快なものだったり、拡散の過程でネガティブな情報が紛れ込んだりしたら、「炎上」を引き起こしかねないからです。「炎上」がマスメディアのニュースに取り上げられれば、企業のイメージダウンになります。

　SNSには、**バズることへのリスクマネジメントも必要**だということです。

|||| SNSでの情報拡散 ||||

●SNSでの情報拡散経験

(単位：%)

	ほぼ毎日	週1～2回程度	週1～2回未満	ない	n
全体	17.1	13.6	24.6	44.7	1178
20代以下	21.7	17.4	22.0	38.8	327
30代	16.5	11.4	23.1	49.1	273
40代	13.3	12.5	26.6	47.7	256
50代	18.7	13.6	24.2	43.4	198
60代以上	11.3	10.5	31.5	46.8	124

出典：総務省「社会課題解決のための新たなICTサービス・技術への人々の意識に関する調査研究」（平成27年）

20代以下が最も多く情報を拡散していることがわかる。

●情報拡散の基準

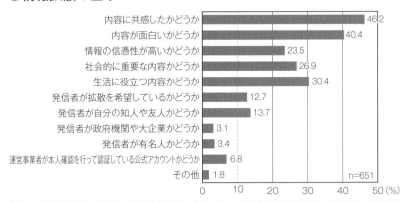

出典：総務省「社会課題解決のための新たなICTサービス・技術への人々の意識に関する調査研究」（平成27年）

**「情報の信憑性が高いかどうか」はわずか23.5％。SNSでは事実か
どうかよりも、共感できるものや面白いものが拡散されやすい傾向
にある。**

SNSの特性を理解する②
クチコミによる拡散

信頼性の高いクチコミを拡散させるには、写真や動画も使って、クチコミしてくれる人のアテンションを高める

2021年現在、Facebook利用者は世界で27億人を超え、後発のInstagramは10億人、TikTokは6億人に達します。もはやSNSは社会インフラであると言っても過言ではないでしょう。

SNSとスマホがセットとなったことで、情報波及は加速度を増しています。誰かがふと投稿したひと言や写真が瞬時にネット上を駆け巡り、話題のニュースになることも珍しくありません。

マーケティング業界では、ターゲットにアテンションを与えるために、これまで様々な施策を繰り返してきました。その中で最も信頼性が高いのが『クチコミ』です。「友達の誰それが良いと言っていた」など、自分が知っている人からの情報は、見ず知らずの人からの情報よりも格段に信頼性が高くなるため、アテンションとなり得ます。よって、**SNSによるマーケティングでは、この「友人から友人にアテンションを与える」クチコミを大前提として戦略や戦術を考えます。**

アテンションを最大化するには、テキストだけでは不十分です。そもそも、SNSの魅力はテキストはもとより、写真や動画などのコンテンツが発信できることにあります。

写真や動画は多くの情報を直感的に伝えることが可能なため、それだけ立ち止まって見てもらいやすく、情報が届きやすいということです。**FacebookやTwitterでシェアされるコンテンツの第1位が写真、2位が写真やグラフィック付きのニュース記事、3位が動画**がそのことを実証しています。

このように、SNSでの情報拡散は、写真やグラフィック、動画により重点を置いてコンテンツを編集することが基本となります。

|||| ユーザーのクチコミを誘発する ||||

企業から受け取った情報をユーザーが主体的に発信するSNSの利点を活かすには、企業側の発信情報に何らかのアテンションを与えるための仕組みが必要になる。

●SNSの3つの鉄則

- ❶ コンテンツ制作は「見やすい」「短文」「キャッチーに」
- ❷ コンテンツ発信は「あせらず」「休まず」「マイペースに」
- ❸ レスポンスを見てしっかりと分析することが最も大切

54

Facebookのマーケティング活用①
機能のメリットの最大活用

最大の特徴は「実名性」。現実世界の人間関係をネット上でも構築できるので信頼性が高い

Facebookが他のソーシャルメディアと決定的に違うのは、アカウント登録をする際に「実名」および「1人1アカウントが原則」という点です。

もともとリアルな世界でも知り合いであったり友達であったりする相手とネット上でもつながり、情報交換が行われます。そこで交わされる情報は、現実世界でのクチコミに近いといえます。

情報発信側は、「知り合いが見ている」「自分が何者かが知られている」ことを前提に記事やコメントを投稿するため、それが抑止力となって嘘や根拠のない噂が投稿されることが少なくなります。すると、おのずと投稿はクチコミとしての信頼度が高くなっていきます。

Facebookという信頼性の高いプラットフォームに企業が参加することで、消費者との信頼関係の構築やファンづくりがしやすくなります。このことからFacebookは、マーケティングとしての相性が非常に良いといえるのです。

少し古いデータになりますが、NTTコムリサーチによる2015年6月実施「第7回 企業におけるソーシャルメディア活用」に関する調査結果を見ても、企業のソーシャルメディア利用状況はFacebookが断トツで高く、80%を超えています。

日本ではLINE利用者のほうがFacebookよりも多いですが、LINEはグループ内でのコミュニケーションツールです。

またFacebookはページに対して「いいね！」をクリックしてもらうことでファンの囲い込みができ、コメントをもらうことで対話型のコミュニケーションが生まれ、さらにシェアされることで、より多くの人にページが拡散されることもマーケティング視点から見ると大きな特徴です。

|||| Facebookページの構成 ||||

PC版Facebook画面

投稿欄
テキスト、写真、動画もここから投稿できる

**アクション
ボタン**
いいね！やコメント、シェアを実行する。このアクションが頻繁に行われるとエンゲージメント率が高いということである

タイムライン
Facebookで最も重要なタイムライン。ここにエンゲージメント率の高い友人や企業の投稿（コンテンツ）と「広告」が表示される。友人同士でもエンゲージメント率が低ければ表示されない

広告欄
Facebook広告の表示は、この右サイドかタイムラインに表示される。表示されるのは、企業がターゲティングした人のみ。つまり企業にとってFacebook登録している地域や年齢、興味など見極め精度の高い広告を出すことが求められる

スマートフォンFacebook画面

スマートフォン版では、よりタイムラインが見やすいデザインとなっている。右サイドの広告がないため、タイムラインに表示される広告のみ。自動再生される動画広告は、アイキャッチの良さから多くの企業が力を入れている

55

Facebookのマーケティング活用②
運用のポイント

運用の目的、ターゲット、実施後の評価基準を決め、計画ど
おり進捗したか、効果測定を行う

Facebookページの立ち上げと運用のポイントは、次のとおりです。

①運用の目的・ターゲットを定める

店舗の集客をしたいのか、自社サイトへの訪問数を増やしたいのか、企業の知名度を上げたいのかなど、ページをつくる目的を明確にします。また、どんな人に向けて投稿していくかのターゲット選定も行います。

②ページのカテゴリーを選択する

立ち上げたいページのカテゴリーを選択し、ナビゲーションに従って必要事項を入力していきます。プロフィール画像やカバー画像もしっかりとブランドの魅力が伝わるものを選びましょう。

③「いいね！」を集め、シェアしてもらう

ページに広告を掲出したり、自社サイトやメルマガから誘導したり、自分でページを紹介してみたりなどして、集客の工夫をします。

共感を得る記事、新しい発見のある記事、人に話したくなる記事などは、たくさんの「いいね！」がつき、多くの人にシェアされていきます。写真や動画も大いに活用しましょう。

④読者の反応を分析し、次に活かす

投稿して終わりではなく、Facebookインサイトなどの機能を使って必ず効果検証を行いましょう。「どのような投稿が受け入れられやすいか」を分析し、PDCAを繰り返していくことで、ページの精度と効果が上がっていきます。

マーケティングツールとしてFacebookを活用するうえでカギとなるのが、常にユーザー目線でコンテンツをつくることです。ユーザーがどのような情報を必要としているのかを事前によく考えて運用していくことです。

|||| Facebookページの運用ポイント ||||

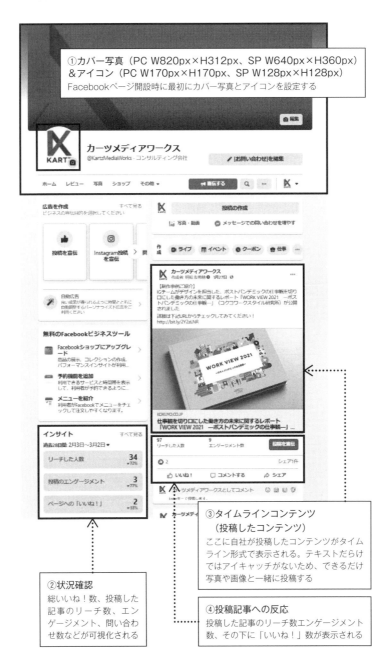

①カバー写真（PC W820px×H312px、SP W640px×H360px）&アイコン（PC W170px×H170px、SP W128px×H128px）
Facebookページ開設時に最初にカバー写真とアイコンを設定する

③タイムラインコンテンツ
（投稿したコンテンツ）
ここに自社が投稿したコンテンツがタイムライン形式で表示される。テキストだらけではアイキャッチがないため、できるだけ写真や画像と一緒に投稿する

②状況確認
総いいね！数、投稿した記事のリーチ数、エンゲージメント、問い合わせ数などが可視化される

④投稿記事への反応
投稿した記事のリーチ数エンゲージメント数、その下に「いいね！」数が表示される

56

Facebookのマーケティング活用③ ファンの獲得

オンラインとオフラインの両方で積極的にFacebookページの存在を知らせていく

Facebook上でファンを増やすには、次の6つのポイントがあります。

①既存のメディアやコンテンツで告知する

オウンドメディアやメルマガなどを運用していれば、そこでFacebookページのお知らせを流します。

②Facebook上の友達にメッセージを送る

ダイレクトに友達にメッセージを送ったり、Facebookページの招待機能を使って招待したりします。

③投稿のシェアを増やす

シェアしたくなるような投稿を継続していくことでシェアされる回数を増やし、多くの人にページの存在を知ってもらいます。

④ページに広告を出す

Facebookは実名登録であり、またプロフィールの項目が詳細です。そのため、ターゲティング精度が非常に高いという特長があります。広告メニューが多数用意されているので、配信目的とターゲットに合わせて広告出稿ができることでビジネス活用に適しています。

⑤チェックイン機能と連動させる

リアル店舗のFacebookページの場合は、チェックイン機能と連動させておくことで、ユーザーがページにチェックインした際にリンクがニュースフィードに流れるようになります。

⑥名刺やメールの署名欄、チラシなどにページアドレスを記載する

名刺やメールの署名欄、DMやパンフレット、チラシなど、目につくところにFacebookアドレスを載せておきます。地道な宣伝活動ですが、Facebookを行っていることを知ってもらうことは大切です。

|||| Facebookページに「いいね!」を増やす方法 ||||

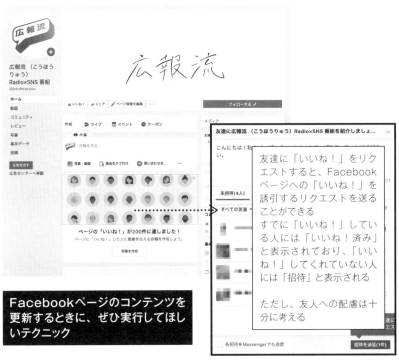

友達に「いいね!」をリクエストすると、Facebookページへの「いいね!」を誘引するリクエストを送ることができる
すでに「いいね!」している人には「いいね!済み」と表示されており、「いいね!」してくれていない人には「招待」と表示される

ただし、友人への配慮は十分に考える

Facebookページのコンテンツを更新するときに、ぜひ実行してほしいテクニック

記事には「いいね!」しているがFacebookページ自体には「いいね!」していない人が表示される
「招待」をクリックしてページ「いいね!」を獲得していく

投稿した記事に「いいね!」してくれた人の人数をクリック

IIII 57 Facebookのマーケティング活用④ ターゲットの絞り込み

実名登録制で年齢や性別もアカウント取得時に登録するため、ユーザーの属性を絞り込んだ訴求ができる

Facebook広告は、Facebookのサービス内で表示される広告です。

Facebook広告の最大の特徴は、実名登録制によるターゲティングの精度の高さです。アカウントを開設するときに記入する個人情報の項目が多く、これをもとに対象ユーザーを絞り込めます。なかには必要最小限の個人情報しか表記しない人もいますが、「年齢」と「性別」などの属性情報はアカウント登録時に入力しています。

この属性に応じて、Facebook独自のアルゴリズムによりピンポイントでターゲットに対して広告を投げかけることで、メッセージ性が非常に強くなります。

たとえば、ユーザーの年齢に合わせて、「32歳女性のあなたに」「新成人のあなたに」などの広告を送ることができます。記念日が登録されていれば、そのタイミングで花束やアクセサリーなどプレゼントになりそうな商品の広告を送ったりすることも自在です。

また、時間帯を選んでの広告配信も可能です。瞬間的なトレンドワードに関連した広告をタイムリーに配信するといったこともできます。

そして、ターゲット設定においては、年齢や性別などで絞り込む「コアオーディエンス」、アクセス履歴のある人に再アプローチする「カスタムオーディエンス」、優良顧客と共通の興味・関心を持つユーザーに配信する「類似オーディエンス」の3種類から選べます。

他のオンラインメディアでは、「このユーザーはたぶん女性だろう」「おそらく30代と思われる」というアタリをつけることしかできませんが、Facebookは確実に年齢と性別が絞り込めるので、これだけでも十分なターゲティングになります。

|||| Facebook広告のターゲティング機能 ||||

Facebook広告の大きな特徴は、会員が登録時に入力する様々な情報（生年月日・学歴・職場など）に紐づく詳細なターゲティングが可能という点だ。これにより、検索連動型のGoogleとは違ったアプローチが可能となった。

GoogleリスティングとFacebook広告の大きな違い

PULL型	PUSH型
Google	**facebook**
「検索」という行動に対して広告をレスポンスするPULL型	ターゲティングした対象者がタイムライン（トップページ）をスクロールしていくPUSH型広告
検索というターゲティング	プロファイルというターゲティング

●Facebookのプロファイルを元にしたターゲティング項目

ユーザー情報

・Gender／性別（男・女）
・Age／年齢
・Birthday／生年月日
・Location／地域・国・都道府県・市区町村
・Relationship／交友関係
・Education／卒業・在籍校・学歴・専攻
・Workplace／勤務先・役職・業界
・Language／言語
・Children／子供がいる人、生まれる予定の人

ライフイベント

・Moving／引っ越し、駐在
・Engage／結婚、婚約
・Anniversary／近日誕生日・記念日を迎える
・Status／遠距離恋愛、家族・出身地から離れた所に住んでいる
・Travel／よく旅行する人、旅行から戻った人、旅行予定

興味・関心

・Page & Applications／好きなWebやアプリ
・Gaming／好きなゲームのジャンル
・Activities／関心ある活動
・Interests／興味の対象、好きなもの　etc.

つながり

・特定ページのファン、ファンの友人、ファン以外
・特定アプリやイベントとのつながり

端末情報・接続状態

・OS（iOS、Android etc.）
・OS バージョン（例：Android11）
・Device／携帯端末（iphone、Samsung、HTC etc）
・利用ブラウザ（Chrome、Safari、FF etc）
・Wifi 接続環境ユーザー（大容量アプリのインストール向け）

58

Facebookのマーケティング活用⑤
広告配信の最適化

**「目的」「予算」「オーディエンス」「クリエイティブ」の4つ
の要素を組み合わ方次第で効果が変わる**

Facebook広告は、「目的」「予算」「オーディエンス（ターゲット）」「ク
リエイティブ（広告）」の4つの要素を掛け合わせて最適化を図ります。

①目的

認知度を上げたい、エンゲージメントを高めたい、自社のサイトやラン
ディングページへと誘導したい（トラフィック）、成約（コンバージョン）
したいなど、広告を出す目的に適したものを選択します。

②予算

事前に準備している広告費を登録します。まずは少額でテストしなが
ら、調整していきます。Facebook広告の「購入方法」と「配信方法」の
主流は、クリック課金とインプレッション課金です。CPC（クリック単
価）は広告が毎回クリックされるたびに課金されるタイプで、CPM（イ
ンプレッション単価）は、1000回表示ごとに1セットとして広告料が発生
します。Google広告同様に運用することでクリック単価を下げていき、
目的達成のために投資対効果（ROI）を高めるようにします。

③オーディエンス

年齢、性別、地域などのほか、興味・関心や学歴、仕事、子どもの有無
など細かく設定できます。ターゲットイメージに合わせて選択していく
と、潜在リーチ数とオーディエンスの幅が適切かどうかが赤緑黄のメー
ターでわかります。このメーターで緑の幅に入るように調整します。

④クリエイティブ

Facebook広告では、独自アルゴリズムにより自動的に効果の高いクリ
エイティブを多く配信してくれるので、必ず1つのキャンペーンで複数の
クリエイティブを設定します。

|||| 広告を作成するために設定する項目 ||||

①目的
目的は、大きく3つのカテゴリ、11種類の中から選ぶ

②予算
予算は、「1日の予算」か「通算予算」として設定

③オーディエンス
オーディエンス＝ターゲットのこと。項目に沿って細かく設定する

④クリエイティブ
画像、テキスト、リンク先URLなどを設定する

59

Facebookマーケティングの効果測定

当初の目的（KGI）が計画どおりできたかを評価し、その結果検証をその後の施策に活かす

　Facebookマーケティングは中期・長期的な戦略で行います。売り上げや集客にすぐに反応がないからといって、拙速に止めずに様子を見ながら効果を上げていく心がまえが必要です。そもそもデジタルマーケティングは継続していくことで効果をスパイラルアップしていく取り組みです。

　長く続けていくには、最初から大きな目標を掲げないことです。インパクトの大きい記事でないとダメだとか、1日に何度も投稿をしようなど、成果を焦るよりも、コンスタントに続けていくほうがFacebookマーケティングでは結果的には効果が大きくなります。ほんの一瞬でも、毎日、ユーザーの目に留まり続け、アテンションを獲得できれば、ユーザーとの強い心理的なつながりを生み出せるからです。

　そのうえで、ページに「いいね！」をしてくれたユーザーのタイムラインに自社の最新記事が表示されやすいように、投稿するコンテンツやタイミング、回数などを工夫していきましょう。これには、Facebookインサイトの機能を利用して効果検証を行い、運用をレベルアップしていきます。Facebookインサイトとは、アカウントごとに過去2年までの以下の利用データが確認できる分析機能です。

　Facebookにおける分析指標は次のとおりです。

●**フォロワー数**：日別の推移がわかることでマーケティングアクションの効果検証ができる。

●**フォロワーの属性**：ファン、フォロワー、リーチした人、アクションを実行した人の4つのカテゴリー別の性別、年齢、地域がわかる。

　これはほんの一部の機能で、投稿への反応やエンゲージメント率など実務の参考になるデータが簡単に把握できます。

‖‖ Facebookインサイトを使って効果測定する ‖‖

●インサイトの使い方と見るべきポイント

左サイドメニューで見た
い項目をクリックする

「概要」には1週間のサマリーが表示される。でき
れば週1～月1回のペースでサマリーを確認する

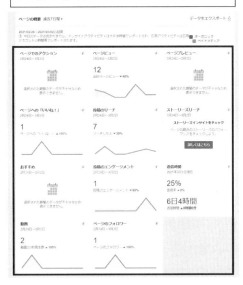

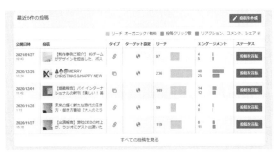

サマリーの下には、1週
間の投稿が表示される。
「すべての投稿を見る」
をクリックすると全投稿
が網羅的に確認でき、エ
ンゲージメント率の高い
ものやリーチ数の高い投
稿がグラフでわかるの
で、分析しやすい

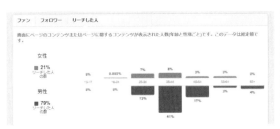

左サイドメニューの「利
用者」、上部の「リーチ
した人」をクリックする
と、いいね！、コメン
ト、シェアなどアクショ
ンした人の性別、年代が
グラフで表示される

匿名性により気軽に投稿できリツイートしやすいため、情報の拡散が早いが、匿名性からの情報の信頼性に課題もある

Twitterは、全角140文字（280バイト）以内で情報を発信するソーシャルメディアです。

Twitterの特徴の1つが、Facebookが実名のみでの利用であったのに対し、匿名でもアカウントが作成できることです。匿名性にはメリットとデメリットがあります。メリットとしては、気軽に呟いたり、知らない人の呟きにリツイートがしやすく、情報の拡散力とスピードが絶大なことです。そのため、共感したり、面白いと思ったツイートは、多くの人にシェアしてもらえます。

また、匿名性という点を利用して、企業内の運用担当者いわゆる「中の人」のキャラクターをつくり、ゆるい呟きやそのキャラクターの特徴が見える呟きで人気を得ている企業アカウントも多くあります。

一方、匿名性のデメリットとしては、無責任な情報や嘘の情報を流すユーザーが一部にいて、情報の信頼性が劣ることです。炎上やなりすましの問題も起きやすくなっています。

Twitterのもう1つの特徴として、ユーザー同士の垣根が低く、企業側からもユーザーをフォローしていきやすい点があります。リツイートしたり、キーワード検索で自社について書かれたツイートを探したり、@tweetでユーザーの疑問に答えたりすることなどができます。ハッシュタグをつけておくと、同じイベントの参加者や同じ嗜好性を持つ人の様々な意見が閲覧しやすくなります。

Twitterでは、みんなが頻繁にツイートをします。タイムライン上でツイートがどんどん流れていってしまうため、マーケティングに活用するためには、投稿回数やタイミングの工夫をしていくことになります。

|||| Twitterのメリットとデメリット ||||

メリット

- ☐ 匿名でもOKのため、気軽にフォローができる
- ☐ 情報の拡散力とスピードが絶大
- ☐ 手軽に情報発信がしやすい
- ☐ セール情報やキャンペーン情報などのプロモーション活動に気兼ねなく発信できる
- ☐ 情報スピードが早いので空気感を察知できる
- ☐ 専属の担当者を設置すればカスタマーリレーションツールとして使える
- ☐ クレームなど大きな問題になる前に対処できる
- ☐ メディアはほぼ使っているため、速報を得られやすい
- ☐ 複数アカウントをつくれるため、サービス別で実施できる
- ☐ 企業での情報発信もキャラづくりがしやすい
- ☐ 10代〜20代にアプローチできる

デメリット

- ☐ 匿名のアカウントがいくつも作成できるため、信頼度が低い
- ☐ 発言が過激になりやすく、炎上しやすい
- ☐ 企業のフォロワーを増やしにくい
- ☐ タイムラインで流れてしまうので情報が届かない可能性が高い

IIII 61　　Twitterの炎上対策

拡散性が高い分、炎上には十分配慮し、マナーやポリシーを社内で共有しておく

　Twitterで一番問題になりやすいのは「炎上」です。Twitterは拡散性が強いため、良い情報が広まりやすい一方で、ネガティブな情報も一気に広がっていきます。不用意な発言や煽情的な投稿に感情的になるとユーザーから反感を買い、アカウントが炎上することになりかねないので、投稿する際にはこの点に十分留意します。

　一度炎上すると、とことん糾弾され、アカウントごと削除を余儀なくされるケースも少なくありません。アカウントを削除する事態になると、それまで構築してきたファンやフォロワーをすべて失うことになります。たった一度の不用意な発言が企業の評判を大きく落とすリスクがあるので、十分に慎重にならなくてはなりません。

　ユーモアのあるネガティブ発言は、Twitter上でウケることもありますが、人を不快にするような発言はよくありません。とくに、競合する会社をそのつもりはなくとも中傷するようなことになったり、自社のブランドを持ち上げることで競合のブランドを貶めるような投稿は炎上のもとです。たとえ炎上しなくても、悪口や批判、下品な物言いはユーザーに嫌悪感を与え、企業の信頼性を損ねます。

　うっかり発言やマイナス発言をしないためには、思いつきでツイートを投稿しないことです。ユーザーの挑発的な発言にすぐに反応しないことも大切です。

　うっかり発言やマイナス発言を防ぐには、しばらく時間を置いてから発言内容を見直してアップする、社内の複数人の目でチェックしてからアップするなどのTwitterをするうえでのマナーやコンプライアンスなどを、社内のガイドラインで決めておくことです。

|||| Twitterの炎上対策 ||||

炎上は企業の対応の遅さや感情的な対応、真摯ではない態度などによって引き起こされる。何か事件が起きたらまずは「早急に」「誠意をもって」を心がけることが重要。

●モラルハザードパターン

テレビやWebニュースで頻繁に取り上げられるパターン。過去には外食業でアルバイト店員が冷蔵庫の中に入ったり、プライベートで訪れた芸能人を店員が暴露したりと、モラルに欠けるツイートが行われ、そのたびに炎上している。雇用元の企業責任を問われる事態が発生し、企業にとっても大きな損害となる。

また、マネジメントクラスの人が取引先の悪口や社内紛争を投稿して問題になったケースもある。Twitterだけに限ったことではなく、退職時にブログで内情を暴露してしまうケースもある。ブログなど誰も見ないと侮ってはならない。企業価値を損ね、採用活動や業績に大きな影響を及ぼすこともありうる。

対処法

①誓約書、雇用契約書に明記する
    企業の機密情報漏えいに関連する誓約書や雇用契約書を用意し、懲戒やその他約定違反として処分することを文面で取り交わす。

②研修を実施する
    しっかりと口頭でソーシャルメディアで安易に仕事上のことを投稿しないように研修を実施する。その際、過去事例を見せるのが最も効果的。

●誤爆パターン

誤って投稿し、その後大きな損害につながるパターン。企業によってはソーシャルメディア担当の裁量が大きく与えられている。しかし、会社の内部情報が流出し、企業価値を落としてしまうケースも発生している。

対処法

「人がやることに完璧なことはない」ことを前提に、必ず複数チェックおよび承認フローを確立しておく。

62

Twitterのマーケティング活用①
情報拡散

「面白くて役立つ」「共感できる」情報をタイムリーに、そして冗長にならずに発信を継続していくことが成功のカギ

Twitterの魅力は、短い言葉で本質を言い当てたり、ひと言で笑わせたりするところにあります。よって、冗長にならないことに配慮します。

そうした内容に配慮したうえで、Twitterならではの拡散を図ります。拡散しやすいツイートの条件は、主に6つです。これらのどれかを狙って発言をしていくと、リツイートや@tweetが集まりやすくなります。

①気づき：「なるほど」「へえ」

まだ世に出ていない新しい情報や、みんなが知っていそうで知らない情報、「実はこうだった」のように多くの人が勘違いしている情報など。

②お役立ち：「これは良い！」

これまでとは違う商品の使い方やトラブル解決法、ウンチクなど。

③共感：「笑える」「泣ける」「感動」

パッと見て笑えるもの、あるいは、泣けるもの、感動できるものなど。みんなで感情を共有できるネタ。

④タイムリー：「いま、ちょうど気になってた」

季節ネタ、ニュースネタ、トレンドネタ、テレビ放送やイベントなどと連動したネタなど。

⑤代弁：「よくぞ言ってくれた！」「自分もそう思ってた！」

言いたくてもなかなか言えないことをズバッと言ってくれているツイート、自分と同じ意見のツイートなど。

⑥ツッコミ：「ちょっと待て！」「○○かよ！」

何かおかしなところがあるとか、それは酷いというような、思わずツッコミを入れたくなるネタ。太平洋上のナウル共和国の思わずツッコミたくなる自虐的なツイートは話題になったことでフォロワーが増加。

|||| Twitterのフォロワーを増やすコツ ||||

●インパクトを生み出す「フレンドリー投稿」

現在、一般ユーザーがTwitterを使う主な目的は、①ひまつぶし、②セルフブランディング、③情報収集であり、特定の人とのコミュニケーションはLINEやFacebookで行うことが多いと言われている。こうした背景を考慮しながら、Twitterをマーケティングツールとして活用するには、従来にも増してコンテンツにインパクトを出すアイデアの工夫である。その好事例が以下のもの。

●タニタ公式Twitter　　https://twitter.com/TANITAofficial

タニタのTwitterはコンテンツが面白いことに加えて、「軽快さ」「対応の速さ」に工夫がなされている。自社商品がテレビで放送されれば、その商品について広報との連携もされている。
また新卒採用の時期になると、学生たちを対象としたツイートを増やすなど、イベントごとに他部署との連携をとっている。

●キングジム公式Twitter　　https://twitter.com/kingjim

オフィス用品メーカー、キングジムのTwitterは、他業種の企業Twitterとのコラボレーションを数多く行っている。

●ユニークキャンペーンの実施

Twitterキャンペーンとは、Twitterのリツートや#ハッシュタグを使って応募し、当選者を決定するというもの。企業にとっては商品の訴求に加えて、フォロワーを増加させ、その後のリーチできる人を増やすということを目的として実施されている。

●プレゼントキャンペーン

RT、ハッシュタグで応募して抽選で当選するという王道パターン。ただし、賞品の選定によっては大きな話題になることもある。

●公募型キャンペーン

イラスト、川柳、写真、動画など、作品を特定のアカウントやハッシュタグをつけて投稿することで応募できるパターン。様々なユーザーからのコンテンツを投稿し紹介できる。

63

Twitterのマーケティング活用②
Twitter広告の出稿

拡散性の高さ、フォローへのハードルの低さ、ターゲティングの精度の高さが特徴

Twitter広告の強みは、何と言っても「拡散力」と「リアルタイム性」です。日本におけるアクティブユーザーは日々増加しており、とくに10代から20代の若い世代への訴求に優れています。男女比はほぼ半々です。

日本のTwitterの月間アクティブユーザー数は4500万人超（2017年10月時点）とされ、そのユーザーの80％以上はモバイルでの利用です。

Twitter広告は、Twitterユーザーのタイムラインや検索結果に掲載されます。広告を見たユーザーが「これは面白いツイートだ」と思うと、どんどんリツイートされ、より多くの人へと拡散していきます。

Twitterでは、「知り合いだから」「友達だから」という理由よりも、「自分がこの人のツイートを読みたいから」「この人の発言に興味があるから」という理由でツイートやフォローをしていく傾向があります。つまり、まったく見ず知らずの相手でも、発言が面白ければフォローされていくのです。そういう意味で、面白い広告ツイートを投稿すれば、拡散していくことは決して難しくありません。

Twitterのターゲティングは Facebook ほどではありませんが、高い精度が期待できます。

たとえば、特定のアカウントをフォローしているユーザーだけを選んだり、特定のイベントに共感して「いいね」などのアクションを起こしているユーザーを選んだりできます。

また、Twitterユーザーの興味・関心は300以上のカテゴリーがあり、ターゲットの絞り込みに役立ちます。たとえば、コスメ企業が美容雑誌のアカウントをフォローしているユーザーだけを抽出して広告ツイートを配信するといったことができます。

|||| Twitter広告の基本設定 ||||

①目的の設定

リーチ、動画の再生数、プレロール再生数、アプリのインストール数、ウェブサイトのクリック数、エンゲージメント数、フォロワー数、アプリのリエンゲージメント数の8つから選ぶ

②予算の設定

日別予算を設定する。総予算を決めておくことも可能。費用が予算に達したら配信は停止されるので少額で何度も効果を検証しながら運用可能。実行期間も、すぐに開始するか、開始日と終了日を設定するかが選べる

③クリエイティブの作成

ユーザーが広告として目にする内容全般のことを「クリエイティブ」と呼ぶ。文字のみの広告ツイートもクリエイティブの1つだが、複数のクリエイティブフォーマットが用意されていて、動画を添付したツイートを配信する「プロモ動画」などもある

④ターゲットの設定

複数のターゲティング方法があるが、導入としてわかりやすいのがフォロワーターゲティングとキーワードターゲティング

Twitterのマーケティング活用③
Twitter広告のメニュー

代表的な3つの広告メニューそれぞれの特徴を理解し、単独
または組み合わせるなどして最適化を図る

Twitter広告にはいくつかのメニューが用意されていますが、「プロモ
カウント」「プロモツイート」「プロモトレンド」の3つが代表的であり、
これらを最適に組み合わせることが効果を上げるカギです。

①プロモアカウント

タイムラインやアカウントの下部などに表示される、フォロワー獲得を
目的にした広告です。現在はアカウントをフォローしていないユーザーに
も興味を引くコンテンツの工夫次第でフォロワーにすることができます。
そのために「フォローする」ボタンが表示されており、アイコンやアカウ
ント名をクリックすると、プロフィールが開きます。

②プロモツイート

ターゲット対象のユーザーのタイムラインに表示される、投稿のような
広告です。ターゲットユーザーにキャンペーン情報などを直接、リーチさ
せることができます。セグメントや予算の設定次第で、フォロワーをはじ
め、より多くのユーザーにツイートを届けられます。

③プロモトレンド

「いまどうしてる?」とPC画面の右側のトレンド欄に指定したトレン
ドワードやハッシュタグを24時間1社限定で表示する広告です。ここを
クリックすると、検索結果ページとともにキーワードに関連したツイート
が表示されます。この広告は、プロモツイートとの併用となります。

これらのすべての広告に「プロモーション」というタグが付くことで、
他社の広告出稿状況が確認できます。これ以外に、動画広告の「プロモビ
デオ」も登場しています。

|||| Twitter広告の特徴 ||||

タイムラインや検索結果に広告を配信することができる。より多くの「いいね」「リツイート」がされることにより情報が拡散される。

プロモアカウント
「フォロワー獲得」を目的とした広告で、ユーザーのタイムライン・おすすめユーザー欄に表示される

プロモトレンド
話題になっている言葉やハッシュタグを表示する「トレンド枠」の最上段に表示される広告

プロモツイート
ツイートのエンゲージメント獲得を目的とした広告。「クリック」「リツイート」「お気に入り」「フォロー」「返信」を獲得する

65 Twitterのマーケティング活用④ 効果を高める工夫

1日4〜5ツイートを時間をずらして投稿することを毎日継続することでファンの数を増やしていく

元アップルコンピュータのエバンジェリスト、ガイ・カワサキ氏の実験によると、「同じツイートを繰り返し投稿してもクリック率はほぼ変わらず、逆に一度しかツイートしかなかった場合は75%トラフィックが下がる」ことがわかったそうです。

つまり、**Twitter広告では、同じ内容でも文言を数パターン用意し、時間帯をずらして継続的にツイートすることが大事**だということです。

ターゲットがアクティブな時間帯を把握するには、Twitter分析ツール「Keyword map for SNS」や、予約投稿サービス「Buffer」などがあります。

また、ツイートには画像をつけて投稿することは企業アカウントでは必須です。タイムラインには多くのツイートが流れてきますから、目を引きやすい画像にこだわります。

そして、ツイート中に任意のWebサイトを表示してくれるウェブサイトカードを使用することで、ツイートの中で自社サイトのコンテンツを表示できるようになります。写真や動画などに、「Read more（もっと詳しく）」リンクを表示させ、ユーザーを任意のサイトに誘導します。

Twitterは一方的な発信ではなくコミュニケーションツールなので、ユーザーとの会話を心がけるようにします。自分からユーザーに質問するなどの働きかけも重要です。

ツイートは毎日継続することが効果を高めるコツです。1日に4〜5回が目安です。企業アカウントで呟くのはネタに困ることもあるので、どうしてもツイートが投稿できないときは、とりあえず他のユーザーをリツイートするなどします。「今日はネタがないからパス」というのだけは避けるべきです。

‖‖ Twitter広告をうまく機能させるポイント ‖‖

●Twitterカードを使いこなす

Twitter広告では、カードと呼ばれる「140文字」のテキスト以外の動画や音声などの広告を表示することができる。これは画像やビデオを表示すると同時に「アプリのインストール」や「もっと読む」、「購入する」などコールトゥアクション（CTA）ボタンを表示することができるため、コンバージョンにつながりやすいことが特徴。

ウェブサイトカード

ウェブサイトへの誘導に効果的。ツイート文面や画像・動画をカスタマイズすることができる

アプリカード

アプリのインストールを促すのに効果的。App IDの設定でカードの自動生成が可能

カンバセーショナルカード

動画、画像とハッシュタグを含んだ選択肢として最大4つのCTA設置が可能

●Twitter広告を成功させるアイデア

Google広告やFacebook広告同様に運用型の広告は日々の検証が最も重要である。それに加えて、Twitterならではの特徴を活かすことが重要である。
たとえば、「テレビ番組との連動」。広報活動を積極的に仕掛けることによりテレビで自社が取り上げられる日程は予め把握できるため、その日の番組に合わせてプロモツイートを出稿すれば効果は高くなる。
その他、よく使われるTwitterのキャンペーン手法は一通り試してみるといいだろう。

「ハッシュタグ」「＠○○」（リプライ）を活用した「ツイート」キャンペーン

　SNS上の投稿をキーワードやジャンルによって分類してくれるラベルのような機能。＃を入れることでハッシュタグとして機能するようになる。

「インフルエンサーの起用」

　お金を支払って何かツイートしてもらうなど考えず、たとえば、Twitterで影響力があるインフルエンサーを起用したイベントや広告キャラクターの起用などによって、インフルエンサーマーケティングを実践してみる。

Instagramのマーケティング活用①
ブランディングとショッピング

魅力的なビジュアル素材の投稿によるブランディングやイメージ訴求、表示された商品等の購入にナビゲートできる

Instagramの特徴は、魅力的な写真や動画の投稿が多いことです。年代を問わず女性の利用率が高く、総務省の「令和元年度 情報通信メディアの利用時間と情報行動に関する調査」によると、Instagram利用率が女性が43.8%、男性31.9%とおよそ12%の開きがあります。こうしたことから、コスメ、ファッション、スイーツ、旅行、イベントスポットなど、トレンドに敏感な女性に比重を置いたBtoC企業の商品・サービスの訴求に親和性のあるソーシャルメディアだといえます。

商品・サービス自体がトレンドに合わなくても、「インスタ映え」する背景や自社のキャラクターに添えた写真や動画にすることでアテンションを獲得する事例が多く見られます。

また、Instagramを企業が運用していく場合、プロアカウントへの切り替えが必要です。プロアカウントの切り替えにより、たとえば、投稿の反応を分析するために必要なインサイト機能や投稿を宣伝するための広告出稿、Instagramの投稿に表示された商品が購入できるECサイトにシームレスに誘導できる「ShopNow」と呼ばれるショッピング機能が使えるようになります。アカウントを非公開にできなかったり、Facebookとの連携が必要になりますが、商品・サービスのブランドイメージの醸成やイメージを訴求する以外にコンバージョンを高めるためにもプロアカウントへの切り替えは重要です。

Instagramは通常の投稿以外に、24時間で投稿が消える「ストーリーズ」や、15秒から30秒の短尺動画が投稿できる「リール」などの機能があるので、事業目的ごとにその特性を活かしたマーケティング手法も登場してきています（156ページ参照）。

‖‖ プロアカウントで使える機能 ‖‖

Instagramをプロアカウント（ビジネスアカウント）に切り替えることで、使えるようになる機能が増える。

①ビジネスプロフィール

住所や電話番号などより詳しい情報が連絡先として登録できるようになる。メッセージ、問い合わせボタンをタップするだけで連絡を取ることができる

②インサイト

アカウントのデータを見ることができる機能。フォロワー増減数や属性、投稿のパフォーマンス（リーチやインタラクション）などがわかる。ただし、フォロワー詳細は、フォロワーが100人以上いないと見ることができない

③投稿の宣伝

Instagram広告を出稿できるようになる。広告を配信することで、フォロワー以外のユーザーのタイムラインに投稿を表示させることができる

④ShopNow（ショッピング機能）

投稿画像に商品のタグ付けを行うことができるようになる。タグ付けすることで、詳細情報や価格、リンクが表示される

▼プロアカウントの注意点

・アカウントを非公開（鍵付きアカウント）にすることができなくなる
・Facebookアカウントとの連携が必要

Instagram運営のポイントは「ビジュアル特化」と「#」を活かすこと

● ビジュアルでブランディングしていく必要があるので、できるだけ統一された世界観を目指すこと

● 過度な宣伝的な投稿は嫌われる。企業アカウントではあるが、自社のキャンペーンばかりを投稿しないように注意する。またコメントがつけばしっかりと返信することもユーザーとの距離を縮めるポイントとなる

● 投稿時に「#ハッシュタグ」をつけて見つけやすくする。Instagramの特徴は#の豊富さ。選別するというより、文章の区切りごとに#をつけていくイメージ。同じハッシュタグはまとめられ一覧になるので偶然の出会いも生まれてくる

Instagram のマーケティング活用②
3つの機能の活用

**イメージ訴求によるブランディング、動画活用による商品の
使用法の紹介から購買へと結びつけることもできる**

Instagram は20代から40代の女性スマホユーザーが多いという特性か
ら企業アカウントの活用では、この層を意識したマーケティングにとくに
有効とされています。マーケティング活用において、次のような機能が提
供されています。

①カルーセル（複数枚）投稿

Instagram では1つの投稿で最大10枚の画像を投稿することができま
す。そのうちの1枚めを表紙の位置づけにして、たとえばコスメの商品紹
介ならターゲットの関心を引くビジュアルにこだわるなどにより、ブラン
ドバリエーションが訴求できます。

②ストーリーズ（通称ストーリー）

24時間限定で写真や動画を投稿できる機能です。24時間後に消える特
徴を活かし、**時期を限定したイベントやセールの告知など**に適していま
す。「24時間限定20％引き」といった文字情報を入れ、ユーザーにそのス
トーリーを提示してもらうことで割引サービスをする試みをしている実店
舗もあります。また「**ハイライト機能**」を使えば、24時間過ぎてもプロ
フィール上にストーリーを表示させ続けることができます。ブランド訴求
や新製品紹介などで活用が進んでいます。

③リール

音楽やカメラエフェクトなどを使って編集した15〜30秒ほどの短尺動
画により、商品の使用方法やアパレルでの着こなし法、食品会社のレシピ
紹介、ブランド訴求のためのイメージ映像などのほか、プロスポーツチー
ムが選手紹介することでファン化を狙うという活用法もあります。
ShopNow との連動で購買への誘導も可能です。

|||| Instagramが提供している主な機能 ||||

●カルーセル（複数枚）投稿

１投稿につき最大10枚の画像を投稿することができる。商品画像、使用画像、ライフスタイルのイメージがわかる画像など組み合わせ次第で投稿バリエーションが広がる

●ストーリーズ（Stories）

ニュースフィード投稿とは別にストーリーズ枠に表示されるコンテンツ。24時間で消えるのが特徴
ただし、ハイライト機能を使えば、24時間過ぎてもストーリーズコンテンツをプロフィール下に表示させておくことも可能

●リール（Reels）

リールは、最長30秒の短尺動画を作成して投稿ができる。音やARカメラエフェクトなどのクリエイティブツールを使って、動画を撮影・編集。検索機能の発見タブにあるリール動画の専用スペースを通じてフォロワー以外の人にコンテンツを見てもらうことも可能

画像出典：Facebook Newsroomより
(https://about.fb.com/ja/news/2020/08/reels/)

Instagramのマーケティング活用③ 精度の高いターゲティング

**Instagram広告はFacebook社が提供しているSNSのため、
Facebook同様精度の高いターゲティングが可能**

Instagramは匿名のSNSにもかかわらず、Facebook広告と同じく精度の高いターゲティング機能が活用できます。とくにInstagramはFacebookと比べると女性たちの趣味傾向が顕著な投稿が多いので、しっかりターゲティングすることが成功ポイントになります。

また、スマホにフルスクリーンで広告を表示するフォーマットであるインスタントエクスペリエンス（旧名キャンパス）を採用していることで、ダイナミックな広告表示ができます。Facebookの発表によると従来のWebよりも最大で15倍速く読み込まれるので、ユーザーがストレスを感じることなく広告が視聴できます。

さらに、Instagram広告の形式は、静止画・動画・カルーセル（左右に移動するWebページ）などが用意されています。**とくに押さえておきたい広告形式として、「ストーリーズ広告」「コレクション広告」があります。**

ストーリーズ広告は、ストーリーの機能を使って自然に挿入される広告のことです。通常のストーリーと同じく、静止画・動画で配信することができます。

コレクション広告は、広告をタップするとFacebookに登録されたカタログが表示されるものです。ECサイトでの商品販売に適した機能ですが、Facebookへのカタログ登録が必要となります。

これらの広告を利用する場合、Facebookのマーケティング活動を一元管理できる公式ツールのビジネスマネージャとInstagramアカウントをリンクさせておきます。広告管理と結果分析がより楽になるからです。Instagramと企業のイメージに合わせたクリエイティブを作成および配信しつつ、ビジネスマネージャでこまめに結果を分析するようにしましょう。

‖‖ Instagram広告出稿のポイント ‖‖

FacebookとInstagramのアカウントをリンクさせる

基本的な広告出稿の手順はFacebookと同じだが、Instagram広告の場合、最初にFacebookとInstagramのアカウントをリンクさせることが必要。InstagramはFacebook傘下の企業なので、同じプラットフォームで広告をつくる。手順もほぼ同じ。

手順①

手順②

手順①
Facebookビジネスマネージャのトップ画面の「ビジネス設定」から「Instagramアカウント」を選択する

手順②
「Instagramアカウントをリンク」をクリックすると、「広告アカウント」を割り当てることができる

手順③

手順③
Facebookで広告をつくるときと同じ仕様で、種類、ターゲット、予算などを選択して広告を作成していく

IIII 69　Instagram広告6つのメニュー

6種類それぞれの広告メニューの特徴を知り、目的に合わせて広告メニューを使い分けることでより効果的な配信が可能

Instagram広告は、ユーザーのニュースフィード（タイムライン）やストーリー、発見タブに表示されます。画像や動画などのクリエイティブのすぐ下には「問い合わせる」「ダウンロード」「詳しくはこちら」などのCTAボタン（CTA：コールトゥアクションとは「行動喚起」という意味）が設置でき、1クリックで指定したリンクへ遷移させることができます。すべての広告には「広告」と表記がされます。

Instagram広告には、前項で説明したストーリーズ広告とコレクション広告以外に、次の4つがあります。

①写真広告

画像とテキスト、CTAがユーザーのニュースフィードに表示される広告。写真が中心のシンプルな広告であり、イメージ訴求に適しています。

②動画広告

動画とテキスト、CTAがユーザーのニュースフィードに表示される広告。Facebookなどと同様、広告が表示されると同時に動画が再生されます。最長120秒まで利用可能。商品・サービスの具体的な説明ができます。

③カルーセル広告

複数枚の画像や動画とテキスト、CTAがユーザーのニュースフィードに表示される広告。商品ラインアップなどの訴求に有効です。

④発見タブ広告

画像や動画を発見タブに表示させる広告。発見タブとは、ユーザー1人ひとりの興味・関心から自動的にそのユーザーが求めているであろう情報を自動的に発見して提供してくれる機能です。パーソナライズ化された広告提案ができます。

|||| Instagram広告の種類と特徴 ||||

Instagramは女性を中心に「ファッション・美容関連」に強いという特色がある。ビジュアル重視のソーシャルメディアなので「デザイナー」目線が必要だ。

写真広告

動画広告

ストーリーズ広告

カルーセル広告

コレクション広告

発見タブ広告

画像出所：FACEBOOK for Business（https://business.instagram.com/advertising）

YouTubeアカウントの特徴

自社の公式チャンネルが無料で持てることで、商品・サービスの使い方を企業独自にわかりやすく伝えることができる

　Web上で動画を配信するための動画配信プラットフォームはいくつかありますが、その中でも圧倒しているのがYouTubeです。

　調査会社ニールセン デジタルによると2020年1月から10月におけるスマホで利用されるサービスのうち、平均月間アクティブリーチではYouTubeは65%で第2位、平均月間利用時間シェアでも7%で第2位です。コロナ禍の在宅時間が長くなったことの影響もうかがえますが、いずれも前年比でポイントが上がっています。

　YouTubeが他のSNSと大きく違うのは、ストック型であることです。タイムライン等で情報が流れるフロー型が多いソーシャルメディアのなか、**コンテンツが蓄積されるYouTubeは、アーカイブから情報を引き出せることが強みです。**

　たとえば、気になっている自動車の試乗レビューを探したり、紹介された美味しいお店のグルメレポートを見てみたりと、自身の欲しい情報を探すのに非常に適しているのがストック型のソーシャルメディアです。公開したコンテンツは、いわば資産になります。

　この資産の点数を増やしていくことで、企業の公式チャンネルが構築できますが、ここで大事なことはユーザーが必要とする情報を見つけやすくする工夫です。

　たとえば、化粧品会社の公式チャンネルではCMなども検索されますが、圧倒的に多いのは化粧品そのものの使い方や効果でしょう。食品会社の公式チャンネルもユーザーが欲するのはその企業の商品を使ったレシピです。**ユーザーは何を公式チャンネルに期待しているのか、その観点から検索しやすいナビゲーションを工夫します。**

⫴ YouTubeの企業活用 ⫴

①自社の公式チャンネルが持てる
動画版の会社案内、事業案内ができる

②無料で利用できる
動画のアップ以外に、効果測定機能も無料で使える

③商品・サービスの使い方や効果の紹介
動画ならではの具体的な使い方や効果が紹介できることで、購入や使用を促すことができる

④効果検証が簡単にできる
無料提供のYouTubeアナリティクスを使うことで、総再生時間、視聴回数、表示回数、チャンネル登録者数、視聴者維持率、流入元、ユーザーの属性などが把握できる

⫴ YouTubeを運用するメリット・デメリット ⫴

●メリット
①費用を抑えられる
②自社の世界観をつくれる
③コンテンツを自由につくれる
④公開したコンテンツは資産になる

●デメリット
①チャンネル登録数を伸ばすのに時間がかかる
②チャンネル登録数を伸ばすためには費用が必要
③チャンネルを運用するリソースが必要

YouTubeのマーケティング活用①
動画SEOの工夫

**ユーザーの興味・関心を引き、具体的な商品説明などを提供
できることから有力なマーケティング手法として定着化**

　動画の魅力は、その訴求力です。インパクトを与えることも、よりわかりやすく伝えることも、感情を動かすこともできるのが動画です。これにより、企業のマーケティング活動は大きく変わりました。

　マーケティングでの動画コンテンツは便宜的に、興味・関心を引くための「アテンション型」、短時日で定期的に配信される「レギュラー番組型」、セミナーなどを生配信する「ライブ型」に大別できます。

　YouTubeではこれらの動画コンテンツを自社保有のYouTubeチャンネルとして無料で開設することができます。

　ただし、コンテンツの充実度がユーザーを満足させるカギになるので、定期的にアップし続けることが重要です。そして、コンテンツを蓄積させながら、ユーザーが求めるコンテンツをいかに探しやすくするかも考慮しなければなりません。

●ユーザーに見つけてもらうための動画SEO

①タイトルには説明的で関連性のあるキーワードを含める。

②長くなり過ぎないように簡潔にまとめる。

③説明文は250字以内に収め、その後にチャンネルのリンクやHPのリンクを入れて関連づける。

④タグを入れる。動画の全体像を正確に伝えるのに必要なタグのみ使用し、視聴傾向に関して変化や発見があった場合は、それに合わせて動画タグを更新する。

⑤動画をレギュラー化できそうなら、名前の付け方に一貫性を持たせ、「関連動画」で表示されやすくする。

|||| 動画制作の大まかな流れ ||||

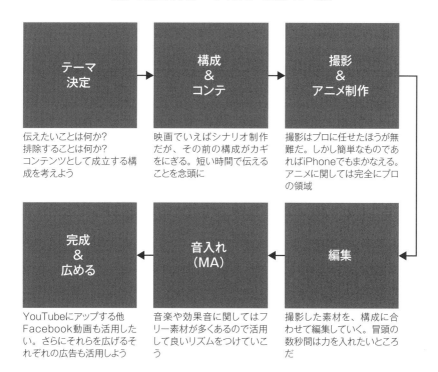

テーマ決定

伝えたいことは何か？
排除することは何か？
コンテンツとして成立する構成を考えよう

構成＆コンテ

映画でいえばシナリオ制作だが、その前の構成がカギをにぎる。短い時間で伝えることを念頭に

撮影＆アニメ制作

撮影はプロに任せたほうが無難だ。しかし簡単なものであればiPhoneでもまかなえる。アニメに関しては完全にプロの領域

完成＆広める

YouTubeにアップする他Facebook動画も活用したい。さらにそれらを広げるそれぞれの広告も活用しよう

音入れ（MA）

音楽や効果音に関してはフリー素材が多くあるので活用して良いリズムをつけていこう

編集

撮影した素材を、構成に合わせて編集していく。冒頭の数秒間は力を入れたいところだ

|||| YouTubeチャンネルのブランディングについて ||||

①コンテンツにフォーカスする
　コンテンツの本質を伝えるブランドに配慮する

②親しみやすさを忘れない
　論理的で一貫性があり、チャンネルのスタイルを表す。どんなコンテンツがあるのかがわかるようにする

③発見しやすくする
　移管したメタデータ（タイトルや説明文などのテキスト）を使用して動画にタグを付け、SNSで投稿する

出典：YouTube Creator Academy

YouTubeのマーケティング活用②
自社チャンネルの運用

チャンネル登録数を増やすには、ユーザーが検索しやすい仕組みづくりと、好印象を与えるひと手間が大切

　自社の動画をアップロードしておくYouTubeチャンネルを運用するポイントは次のとおりです。

①ファイル名

　動画をアップロードする前に、ファイル名を確認します。ファイル名には検索されやすいキーワードを含めます。その際、日本語をそのままローマ字にするなどしてアルファベット表記にすることで検索されやすくします。サムネイル画像もファイル名をアルファベット表記にします。

②メタデータ

　YouTube内検索では、「タイトル」「ディスクリプション（説明文のこと）」「タグ」の3つのメタデータと呼ばれる入力項目を記録しており、検索結果や関連動画の表示に影響を与えています。そのため、この3つそれぞれにキーワードを盛り込みます。

③基本設定

　YouTubeの設定時に「サムネイル」「カテゴリ」「再生リスト」「文字起こし・字幕」の4つを意識すると、ユーザーに好印象を与え、チャンネル登録数の増加が期待できます。とくにサムネイルはアテンションを与えると同時に、自分が見たい動画なのかを判断する基準になります。

④チャンネルの設定

　チャンネル設定時に、トップ画面を「新規訪問者向け」「チャンネル登録者向け」にカスタマイズできます。新規登録者向けには、チャンネル登録を促す動画やチャンネルの内容を説明している動画を、チャンネル登録者向けには、「いいね」が多い動画や再生時間・回数が多い動画を設定しておきます。

‖‖ 結果を出すための運用のポイント ‖‖

①ファイル名をアルファベットにする

「YouTubeVideo2020/12.mov」のような動画ファイルがあり、キーワードが**「オンライン記者会見」**であれば、ファイル名を**「Online_kisha_kaiken」**のようにする。

②3つのメタデータの検索キーワードを盛り込む

「タイトル」「ディスクリプション」「タグ」に「オンライン記者会見」などを含める。
さらに、以下に留意する。

■タイトル
Google検索結果にも表示されるので、32文字以内にする。
■ディスクリプション
基本的に2〜3行目しか表示されない。「もっと見る」をクリックした人は購入などの意欲の高いユーザーなので、問い合わせ先を記載する。
■タグ
最大120文字分まで登録可能。関連度の高い順に入力していく。

③基本設定を工夫する

■サムネイル
検索結果時のクリック率にも影響するので、ひと目で内容がわかりやすいものにする。
■カテゴリ
タグ同様関連性の高いものを選択する。
■再生リスト
再生リストをつくると、視聴者が動画を見つけやすくなるのと同時に、視聴後に同じカテゴリの動画に誘導しやすくなる。
■文字起こし・字幕
音声を文字化しておくと、検索範囲の対象になる。

④チャンネルの設定を工夫する

■新規訪問者向け
「チャンネル登録を促す動画」や「チャンネル紹介動画」を設定する。
■チャンネル登録者向け
「多く高評価をもらった動画」「再生時間・再生回数のいい動画」を設定する。

株式会社CRAZY　マーケティング室責任者

プロデューサー　松田 佳大氏

まず、お仕事の内容について教えてください。

　ウェディングプロデュース等を行うCRAZYで、ブランディングの責任者を務めています。業務内容は、3年前までは結婚式や各種イベントのプロデュースなどがメインでしたが、いまは社内の全事業のブランディングやマーケティングを担当しています。最近では、商品開発にも携わっています。たとえば、2020年12月に気軽に楽しくふたりだけの結婚式について考えられる「結婚式妄想記念日」という新サービスも開発しました。

新サービスを企画してからリリースまで2週間だそうですが、このときの経緯は？

　やはり、新型コロナウイルス感染症拡大の影響がすごく大きいです。2020年以前は「年末年始に実家に帰って家族に結婚報告したので、1月から結婚式場を探しはじめました」というお客様が多かったんです。それが2020年の年末が近づくにつれて実家に帰れない人が多くて、あわせて「挙式は挙げたいけど後回しにしよう」と考える人が増えていくのが感じられました。そこで僕たちに何かできないかと思い、この時代に合わせた結婚式のかたちを考えてもらうためのサービスを急遽つくりました。

　様々な形のパートナーシップを育むための事業を行ってきた当社にとって、この「結婚式妄想記念日」も様々なカップルのパートナーシップを深めるためのプロジェクトだと考えています。

　なので、この「結婚式妄想記念日」を通して大切な人と「私たちはこうしたいね」とか「こんな方向でやりたいね」とか、結婚式について話したくなるきっかけが少しでも増えるようなアイテムやその内容などには1つ

ひとつこだわりました。

実際にClubhouse上で商品企画会議を行ってみていかがでしたか？

　私たちも初めての経験だったので開催前は「どうなるのかな」って思っていましたが、いざ開催してみたらすごく学びがありましたね。社内でも大好評で、代表も「とても良かった」と満足していたようです。

　当社は結婚式業界の中でも早くから「美しいものをつくろう」とクリエイティブにこだわってきた一方で、クリエイティブを突き詰めることによる玄人目線が逆にお客様目線から離れているかもしれないとのジレンマがありました。そこで、Clubhouseにより多くの皆様の様々な角度からの率直な意見をいただくことにしました。

　実は、Ver.1をリリースしたのですが、お客様の満足にかなっているサービスになっているかという疑義がありました。そこで「ちゃんと時間かけてver.2をつくろう」とClubhouseを介しての商品企画会議を開催したのです。このとき、ver.2の内容はほぼ完成していたのですが、Clubhouseの開催後、その完成形をいったん全部崩して会議で出た意見をもとにつくり変えました。

　結婚式業界はB to C ビジネスであるように見えて、B to B 寄りの展開をしてきたと思います。たとえば、集客のための宣伝は結婚情報誌への広告出稿に依存していることなどです。

　それが、Clubhouseを通して様々な方々から直接意見をいただくことでいろいろな気づきを得ましたが、お客様と直接つながることでこの業界はD2C（Direct to Consumer）が加速していくと感触を得ました。

　一般の方々の意見を商品開発会議に活かせることができるClubhouseにより、D2Cへの可能性も開けました。これにより様々な人たちに商品開発などに関わっていただけるとより良い事業活動につながると考えています。商品企画会議に参加してもらうだけではなく、一緒に商品開発にも協力してもらえるような仕組みをつくっていければなと思いました。

Clubhouse の有効活用についてのアドバイスをお願いします。

　実のところ、音声アプリがいいと手放しに思っているわけではありません。Clubhouse などの有効性は実感していますが、お客様をはじめ様々方々と直接接点を持つことで商品開発することが大事だと思います。そのためのツールの 1 つが Clubhouse であるのだという位置づけです。

　当社のような中小企業ベンチャーはお客様と直接つながり、ベンチャーならではの思想を掲げてファンになっていただいて、そのファンのサークルを少しずつ広げていくことをいっぱいやらないといけないと思います。直接一般の方々とコミュニケーションが取れるツールとして Clubhouse がありますし、ダイレクトにユーザーと関わっていくことがすごく大事なんじゃないかと思います。

第 **4** 章

集客・成約を促すペイドメディア

ペイドメディアの役割とアテンションの獲得

**マス媒体で広く認知を図りデジタルで集客したり、デジタル
広告そのもので集客する広告プランを立てる**

　ペイドメディアとは、有料広告のことです。企業が広告費を支払ってメ
ディアの広告枠を購入し、自社の広告を掲載するメディア全般を指しま
す。主に、テレビ、ラジオ、新聞、雑誌の4マス広告やデジタル広告など
のほか、イベントのスポンサーシップなども含まれます。デジタルマーケ
ティングでは自社商品・サービスを訴求することのほかに、自社HPなど
のオウンドメディアに見込み客を誘引することが主な役割になります。

　ペイドメディアでは、オウンドメディアやアーンドメディアではリーチ
の取りこぼしがある層にアプローチすることが可能です。これにより、自
社の商品・サービスの認知が行き届いていない潜在顧客との接点をつく
り、アテンションの獲得が期待できます。

　有料の広告メディアは費用を多くかけるほど、多くの消費者にリーチさ
せることができる一方で、消費者とのコミュニケーションが発信のみの一
方通行になりがちです。そこで、**ペイドメディアの活用では、消費者に
リーチしたのちに、オウンドメディアやアーンドメディアとうまく連携さ
せることにより、購買へのアクションにつなげます。**テレビや新聞で広く
告知し、「続きはWebで」という手法がその代表例です。

　また、デジタル広告には目的別にいくつかの手法が活用されています。
商品・サービスの認知がまったくない潜在顧客、少しは認知している準潜
在顧客、すでに関心を寄せている顕在顧客など、ターゲット別にアプロー
チ法を変えることで広告効果の精度が変わってきます。

　そこで、まずは手法それぞれの特徴を理解し、アプローチしたいター
ゲット数と広告予算を勘案しながら、単発もしくはいくつかの手法を組み
合わせて広告プランを立てるようにします。

|||| 目的別ペイドメディア活用 ||||

自社状況・競合他社状況を鑑みて、目的やアプローチターゲットを検討し、具体的な媒体・メニュー・展開を考える。

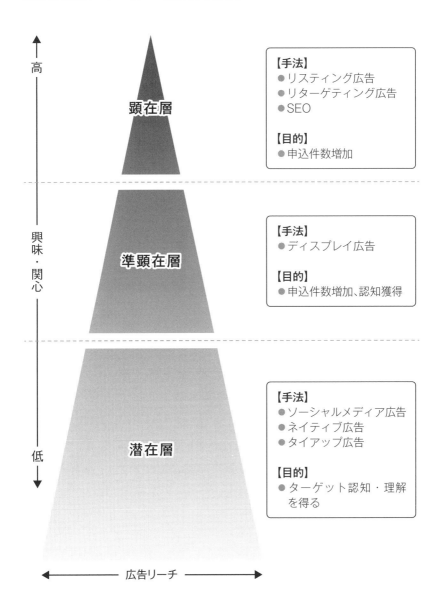

【手法】
● リスティング広告
● リターゲティング広告
● SEO

【目的】
● 申込件数増加

【手法】
● ディスプレイ広告

【目的】
● 申込件数増加、認知獲得

【手法】
● ソーシャルメディア広告
● ネイティブ広告
● タイアップ広告

【目的】
● ターゲット認知・理解を得る

顕在層
準顕在層
潜在層

高
興味・関心
低

広告リーチ

リスティング広告の活用①
検索結果との連動

自社の商品やサービスに対して、検索結果に連動して関心の高いユーザーにアプローチすることができる

リスティング広告とは、検索エンジンでユーザーがキーワード検索をしたときに、**検索結果に連動して検索結果画面の上下などに表示される広告**のことです。「検索連動型広告」とも呼ばれます。ユーザーが検索したキーワードに対応した広告が表示されるため、**自社の商品やサービスに対して興味・関心のあるユーザーを獲得するのに有効です。**

リスティング広告が掲載される検索エンジンは主にGoogleとYahoo!ですが、どちらもGoogleの検索エンジンプラットフォームを採用しているため、SEO対策は実質的にはGoogle対策ということになります。

広告料金の仕組みは、広告をクリックしたリンク先のWebサイトに遷移したときに費用が発生する**クリック課金制**です。

また、広告料金の設定は入札形式で行われ、同じキーワードに対して複数の入札があれば、広告ランク（入札価格×品質スコア*）によって広告掲載順位が決まります。

なお、リスティング広告を構成する要素は、商品やサービスの魅力や特徴を端的に伝える「広告文」、より深く伝える「リンク先」、広告内容に適した「キーワード」の3つです。広告文はTDと呼ばれ、Tがタイトル、Dがディスクリプション（説明文）を意味します。タイトル（広告見出し）は全角15文字（半角30文字）まで、説明文は全角45文字（半角90文字）までの制限があります。リンク先はユーザーが広告文に興味を持ってクリックした後に遷移する場所なので、広告文と関連した適正なページでなくてはなりません。

---

*品質スコア：検索に対する広告文の関連性、ユーザーのクリック率、ランディングページの質などを点数化したもの。

|||| リスティング広告の入力項目と文字数 ||||

●広告掲載箇所

入力項目	文字数（半角表記）
広告見出し 1	30
広告見出し 2	30
広告見出し 3	30
説明文 1	90
説明文 2	90
パス 1	15
パス 2	15

パス：広告見出しや説明文と一緒に表示されているURLの語尾についているテキストのこと。

リスティング広告の活用②
指名検索を増やす

一般検索と指名検索の違いを知り、成約率を高めるために指名検索を増やす施策を行う

Googleなどの検索エンジンでキーワード検索をするときには、「一般検索」と「指名検索」の2種類があります。

一般検索は、「PR会社　東京」といった業種や所在地、サービスカテゴリーなどの一般的な用語で検索する方法です。

一方、指名検索は、「カーツメディアワークス」といった企業名やブランド名を検索する方法です。指名検索をする人は、ピンポイントでカーツメディアワークスのことが知りたくて検索をしています。複数ある競合の中から自社のことをより深く知りたいと思っているユーザーになるので、結果的に取引が成立しやすい顧客であるといえます。

これらの「一般検索」と「指名検索」の違いは、通常の検索だけでなく、リスティング広告にも当てはまります。リスティング広告は通常、キーワードに対して複数の広告が表示されますので、上位に表示されたほうが、クリックされる確率が高くなります。指名検索をされれば、他の企業のリスティング広告よりも上位に表示されますし、最終的な顧客獲得率も高くなります。

成約率を高めるために指名検索を増やすには、商品名やサービス名の認知の拡大が必要ですから、ターゲットに対して広告やSNSでの露出を高めることを日頃から継続して行っておきます。そして、第1章で述べたように、UGCなどでの拡散を促すうえではターゲットに合わせた内容やビジュアルのコンテンツにこだわります。

このように露出を増やすことに注力することが大事ですが、それ以上にそもそも指名検索を増やしたい商品がターゲットの興味・関心を引くものなのかをよく考えることが重要です。

|||| 「一般検索」と「指名検索」の違い ||||

●一般検索

Google `PR会社 東京`

..................................> 「PR会社」「東京」という一般的な単語で検索

Q すべて 🗞 ニュース 🖾 画像 ◉ 地図 🛒 ショッピング ┋ もっと見る 設定 ツール

約 209,000,000 件 (0.86 秒)

広告・www.kartz.co.jp/ ▼
PR会社ってどう選べばいいの？- 大手企業様の実績多数...
ご提案書を完全無料でお作りいたします。無料ですので、まずはお気軽にご相談ください。プロのコンサルが無料で提案をさせていただきます。戦略PR×デジタルマーケティング。自信があるので可相見積りOK・お悩みを聞かせてください・２５０以上テレビ接載実績。
会社概要・初めての方へ・事例のご紹介・書籍のご紹介

広告・www. ▓▓▓▓▓▓.jp/ ▼
▓▓▓▓▓▓ | 広報の効果測定 - テレビ・新聞・SNS等すべて...
キーワードを登録するだけで掲載情報を自動クリッピング。効果測定指標や競合比較機能が充実！自社と競合の露出実績を数値化するダッシュボード。露出実績を分析し、効率的な**PR**活動へ。モニタリング・リーチ数・**PR**分析・記事検索・クリッピング・件数。
導入実績・選ばれる理由・お問い合わせ・よくあるご質問

広告・www. ▓▓▓▓▓▓ .jp/ ▼
▓▓▓▓▓▓ ▓▓▓▓▓▓▓▓▓ 広告代理店
インターネット上のあらゆる広告手法を駆使し、最適なインターネット広告をご提案します。無料相談受付中・webコンサルティング・累計650社以上の実績・束石実績事例形数・サービスHP制作、コンテンツSEO、ツイッター広告運用、インスタグラム広告運用。

広告・www ▓▓▓▓▓▓ ▼
中小企業のメディア露出事例も - 担当者を採用せず広報活動を...
TV・WEB・雑誌・新聞など1,000名以上のメディア関係者とマッチング可。利用者メディア掲載率83%

東京にあるPR会社のリスティング広告が複数表示される

自社のリスティング広告が下位にある場合は、クリックされない可能性がある

●指名検索

Google `カーツメディアワークス`

..................................>

アテンションを獲得して「カーツメディアワークス」に興味を持ってもらう。

Q すべて ◉ 地図 🛒 ショッピング 🖾 画像 🗞 ニュース ┋ もっと見る 設定 ツール

約 138,000 件 (0.82 秒)

広告・www.kartz.co.jp/ ▼
【公式】カーツメディア - PR会社ってどう選べばいいの？
ご提案書を完全無料でお作りいたします。無料ですので、まずはお気軽にご相談ください。プロのコンサルが無料で提案をさせていただきます。戦略PR×デジタルマーケティング、世界へPRできます・実績を多数公開中です・プロのコンサルに相談。
会社概要　　　　　　事例のご紹介
会社概要のご紹介　　　カーツメディアワークスの
代表取締役、取締役のご紹介　事例を一部ご紹介します

www.kartz.co.jp ▼
PR会社 | カーツメディアワークス | Kartz Media Works Inc.
カーツメディアワークスはマーケティングPRとグローバルPRを得意とするPR会社です。「すべての人に『伝わる』喜びを」のmissionのもと、マスメディアとデジタルメディア、ソーシャルメディアを活用して伝わる情報を発信して...

会社概要　　　　　　求人情報
カーツメディアワークスはマーケ　　採用特設ページ公開中！株式会社
ティングPRとグローバルPRを得　　カーツメディアワークス 株式会社
意とする　　　　　　カー...

メンバー紹介　　　　　Kartz Media Works Inc.
戦略PRおよびデジタルマーケティ　カーツメディアワークスでは様々
ングを中心とした株式会社カーツ　な広報支援・コンテンツ支援サー
メディ...　　　　　　ビスを...

kartz.co.jp からの検索結果 »

www.kmcpr.co.jp ▼
株式会社カーツメディアコミュニケーション－全員メディア ...

「カーツメディアワークス」という企業名・ブランド名で検索

「カーツメディアワークス」のリスティング広告のみ表示される

クリック率が高くなり、実際の取引成立の確率も高くなる

リスティング広告の活用③
タイトルの付け方

文字数制限のルールを守ったうえで、「検索キーワード」「興味・
関心を引く言葉」「数字」の3つのポイントを組み合わせる

リスティング広告は1タイトルの最大文字数が15字（半角30字）です。
このルールに則したうえで、次の3つのポイントに留意します。

①検索キーワードを入れる

たとえば、「横浜　結婚式場」で検索されることを想定するならば、「横
浜で人気の結婚式場」などとします。検索するユーザーがどのキーワード
で検索をするのかをもとにタイトルを考えます。

②興味・関心を引く言葉を入れる

人は「限定」という言葉に希少性を感じますし、「20％割引キャンペー
ン」と言われるとその値下げ幅に関心を寄せます。前者はスノッブ効果、
後者はアンカリング効果という心理学の考えで証明できます（186ページ
参照）。このように、ターゲットの心を揺さぶるキーワードを含めること
にも配慮します。

③具体的な数字を入れる

「顧客満足度90％」「5秒に1本売れています」「通算200件以上の実績」
など、多い・少ない、早い・遅いといった漠然とした形容詞でサービスや
商品の良さを表現するのではなく、数字で表記すると安心感が出せるだけ
でなく、ユーザーの欲求をより刺激することができます。

また、**競合他社のリスティング広告のテキストをチェックすることも大
切です**。広告が複数表示されたときに、他社とまったく同じ内容の訴求だ
と、ユーザーは判断に迷います。上記の3つのポイントを考慮し、テキス
トを作成したら他社の広告をチェックし、訴求内容が似ていたら、表現を
変えたり、要素を加えたりして、差別化を図ります。

|||| 3つのポイントを含んだタイトルの例 ||||

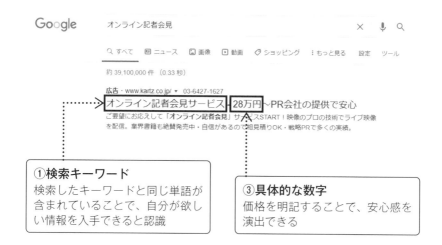

①検索キーワード
検索したキーワードと同じ単語が含まれていることで、自分が欲しい情報を入手できると認識

③具体的な数字
価格を明記することで、安心感を演出できる

●モバイル

②限定的でお得な単語
限定○組や○% OFFなどのお得な情報を入れることで、今すぐ問い合わせをしないと、という欲求を駆り立てる

同時に表示される可能性のある競合他社のリスティング広告のテキストと、訴求内容が類似しないことに注意する。類似していたら、他社との差別化ポイントを鮮明にした表現に調整する。

IIII 77 リスティング広告の活用④
タイトルと説明文の注意点

リスティング広告のテキスト（タイトルと説明文）はリンク先の相関関係を考えてつくるようにする

　リスティング広告は、ユーザーにリンク先URLをクリックしてもらい、目的のWebサイトを訪れてもらうことが目的です。そのためには、リスティング広告のタイトルを見て、「自分はこの情報を必要としている」とユーザーに感じてもらうことが第一歩です。ただし、タイトルを工夫するだけでは十分ではありません。**Webサイトに遷移した先でも、「これが自分に必要な情報だ」と認識してもらう工夫が必要です。**

　一説によると、人間はわずか2秒でそのサイトが自分に必要かどうかを判断するそうです。つまり、**訪れたサイトを一見して、自分に必要な情報が掲載されていないと判断すると、2秒後には別のサイトに移ってしまう**ということです。

　では、リスティング広告に記載するリンク先には、どのようなページを設定すればよいのでしょうか。自社のトップページをリンクさせるケースがよく見られますが、トップページはあくまでも入り口であって、ユーザーにとって必要な情報が掲載されているとは限りません。たとえば、リスティング広告で商品の価格について訴求しているなら、実際にその価格や詳細情報が掲載されているページにユーザーを誘導すべきです。同様に、商品の機能について訴求しているなら、機能を詳しく解説しているページをリンク先に指定しなければなりません。

　このように、リスティング広告のタイトルや説明文とリンク先がマッチしていれば、顧客獲得の可能性が高まります。

　よって、リスティング広告をつくる際には、**テキストとリンク先が相関関係にある＝広告テキストとリンク先ページの中身が一致しているか**を意識するようにします。

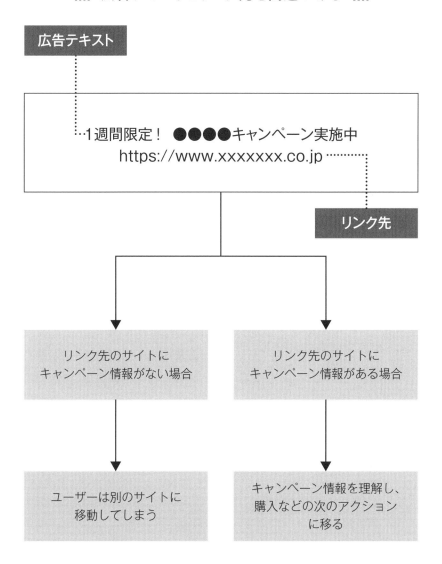

広告テキストとリンク先を関連づける

広告テキスト

1週間限定！ ●●●●キャンペーン実施中
https://www.xxxxxxx.co.jp

リンク先

リンク先のサイトに
キャンペーン情報がない場合

リンク先のサイトに
キャンペーン情報がある場合

ユーザーは別のサイトに
移動してしまう

キャンペーン情報を理解し、
購入などの次のアクション
に移る

ディスプレイ広告の活用①
認知拡大を図る

新製品のプロモーションやブランディングなど、潜在顧客の認知拡大に適した広告手法

　ディスプレイ広告とは、Webサイトやアプリの広告枠に表示されるテキストや画像、動画による広告のことです。先に説明したリスティング広告よりも広くユーザーの認知を図ることに適した広告手法です。バナー広告に代表されるように、様々なポータルサイトの中や横に表示されることで思わず目に入ることを意図した広告のため、新製品のプロモーションやブランディングなどに活用されています。ある目的でポータルサイトに訪れたユーザーに対して、その目的に応じた広告が配信されることも、広告主にとっては大きなメリットです。

　ここでは、ディスプレイ広告を有効に活用するためにディスプレイ広告ネットワークの仕組みを押さえておきましょう。

　ディスプレイ広告ネットワークとは、広告媒体となるWebサイトやアプリを集めて形成された、広告配信のためのネットワークのことです。

　広告主は、Googleディスプレイネットワーク（GDN）やYahoo!ディスプレイアドネットワーク（YDA）などを利用することで、それらが束ねているWebサイトに一括で広告を配信することができます。GDNは日本のWebサイトの9割ほどを束ね、YDAは有力ポータルサイトの多くを束ねているなどそれぞれに特徴があります。なお、広義にはYouTubeもディスプレイ広告ネットワークに含まれます。

　これらは一括配信以外にも、広告配信先のWebサイトをカテゴリー別に分類して配信を行ったり、閲覧ユーザーの層を絞ったターゲット広告や、配信時間の指定などが行えます。

　広告費用は、広告のクリック回数によってカウントされるクリック課金制や表示回数に応じて発生するインプレッション課金制があります。

‖‖ ディスプレイ広告ネットワークとは何か ‖‖

ディスプレイ広告ネットワーク（アドネットワーク）とは、簡単にいえば複数のWebサイトやアプリに自動的に広告が配信される仕組みのこと。2000年あたりまでメディアはバナー広告枠を売るいわゆる「純広」が主流であった。しかし、枠がすべて売れるとは限らない。そこで2008年あたりから、Webメディアにコードを貼れば広告が自動的に掲載される仕組みが構築された。

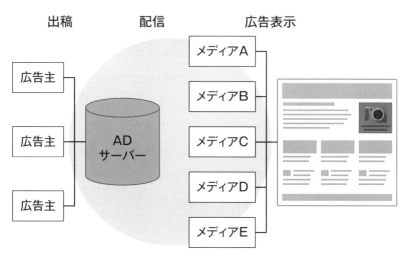

広告を出したい複数の広告主の広告データがADサーバーで管理・配信される。

配信された広告は、コードを貼ったメディアに掲載され、クリックされたらメディア側と仲介者（アドネットワーク業者）に課金される。

●様々な広告フォーマットに対応している

テキストのみ

ディスプレイ広告
（バナー広告）

動画広告
（レスポンシブ）

モバイル
サイト上の広告
（アプリ訴求）

ディスプレイ広告の活用②
ビジュアルにこだわる

**ディスプレイ広告は多くの要素を盛り込まず、色使いなど
ターゲットユーザーの反応を考慮したビジュアルにする**

　ディスプレイ広告は、テキストと画像や動画による広告です。アメリカの心理学者アルバート・メラビアンが提唱した「メラビアンの法則」によれば、人間がコミュニケーションをとるときに重視しているのは、視覚（見た目、表情）が55％、聴覚（声のトーンや大きさ）が38％、言語情報（話の内容）が7％とされています。ただ、メラビアンは話の内容よりも見た目のほうが重要と言っているわけではなく、楽しいと言った人の表情が不機嫌なら言葉そのものよりも表情で判断されがちというように、見た感じの印象で判断は変わるのだとしているのです。これに従えば、**ディスプレイ広告はユーザー心理に違和感がないようなテキストや画像に配慮することが必要**だということです。こうしたことに留意しながら、テクニックとして次のようなことにも配慮が必要です。

　①訴求したい要素を盛り込みすぎない

　アメリカの心理学者ネルソン・コーワンによれば、人間が一度に覚える記憶容量は4±1という「マジカルナンバー4±1」を発表しました。これはたとえば、夕食の買い物を頼まれて記憶できるのは3〜5つほどであり、メモなしで7つも8つも頼まれたら何点かは忘れてしまうことになります。これと同じことで、**ディスプレイ広告に入れる要素はせいぜい5つ止まり、できれば3つ以下だとユーザーは迷わずに済みます。**

　②アクションを促す色使い

　一般的に、赤には購買意欲の促進、オレンジには親しみやすさ、緑には安心感を与える効果があるといわれています。それに従えば、クリックを促すボタンの色を、赤、オレンジ、緑などから選ぶとよいことになります。たしかに、**購買用のカートのボタンの色は赤が多いようです。**

‖‖ 効果的なビジュアルをつくるための心理法則 ‖‖

●メラビアンの法則

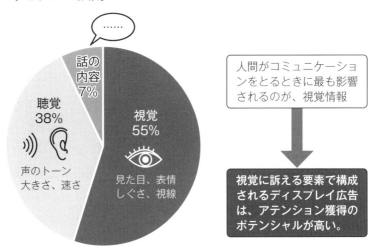

人間がコミュニケーションをとるときに最も影響されるのが、視覚情報

視覚に訴える要素で構成されるディスプレイ広告は、アテンション獲得のポテンシャルが高い。

●マジカルナンバー4±1

人間が瞬間的に記憶できる要素は4つ前後

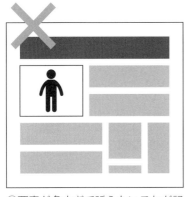

①要素が多すぎて訴えたいことが記憶に残らない

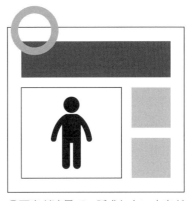

②要素が適量で、訴求したい内容が明確

ディスプレイ広告の活用③
興味・関心を引く広告メッセージ

広告のクリック率をあげるために、心理理論を採り入れた広告メッセージを考えてみる

　ディスプレイ広告はテキスト＋画像・動画で構成されますが、リスティング広告と同様に、テキストでの広告メッセージは次のような心理理論を参考にターゲットユーザーの興味・関心を引くようにします。

　①スノッブ効果

　"他の人とは違うものが欲しい"という人間の差別化願望を刺激するように、「期間限定」「数量限定」という言葉をテキストに入れ、購買意欲を促す手法です。希望小売価格と実売価格の比較でお得感を訴求する「アンカリング効果」とほぼ同様に、他の選択肢と冷静に比較することなく有利に検討を進めさせることができます。

　②ツァイガルニク効果

　完成・完結したものより不完全で未完成なものに興味を抱くという人間の心理効果を活用し、テキストの中で結論をあえて伝えず、あいまいなままにしておく手法です。テレビCMでよく見られる「続きはWebで」という表現もこの効果を利用しています。

　③バーナム効果

　誰にでも当てはまる内容を言われただけなのに、受け取る側が「私のことをわかってくれている！」と思ってしまう現象のことで、占い業界では定番の手法です。たとえば、「リモートワークで運動不足が気になるあなたに」「寒い冬、手先・足先の冷えが気になるあなたに」といった文言がバーナム効果の活用例です。ディスプレイ広告の画像をつくる際に冬物衣料なら、外国人モデルが極寒のアラスカで商品を着用している画像より、寒そうなオフィス内で日本人をモデルに撮影した画像を使ったほうが、自分ごと化しやすく、共感を得やすくなります。

‖‖ ディスプレイ広告作成に役立つ3つの理論 ‖‖

スノッブ効果

3日間限定！
30%OFFキャンペーン

誰も持っていない、
あの品が安く手に
入るぞ！

ツァイガルニク効果

5個でたったの3000円?!
安さの秘密はWebで…

どうして
こんなに安いの？
気になるな。

バーナム効果

リモートワークで
運動不足なアナタへ

そうそう！
この会社、
わかってくれているな。

‖‖‖ 81　リターゲティング広告の仕組みと種類

一度訪問したことのある広告を離れた後に、他のWebサイトに遷移しても前に訪れた広告が表示される仕組み

　いくつかWebサイトを遷移しながらも、それぞれのWebサイトで同じ広告が繰り返し表示されることがありますが、これはリターゲティング広告と呼ばれる広告手法です。

　この仕組みは、一度Webサイトを訪問したことがあるユーザーを「見込み客」と見なし、その後の行動を追跡しながら他のサイトに移ったとしても、そのサイトの広告枠に前に訪問したことのある広告が表示されるというものです。一度サイトを離れたユーザーに再び訪問してもらう施策のため、すでに広告主の訴求内容については知っていることからコンバージョンに誘導しやすいことが大きな特徴です。

　これが可能なのは、Cookie（クッキー）という技術を利用しているからです。Cookieとはユーザー情報をパソコンに一時的に記録したり参照したりする技術で、これによりユーザーの行動履歴を追跡します。

　広告掲載においては、ユーザーが閲覧するWebページに、リターゲティング広告のアドネットワークの掲載枠が導入されていることが必要です。逆に言えば、掲載枠があれば、どのWebサイトであるかを問わずに掲載させることができます。

　広告の課金方式は、広告が1,000回表示されるごとに課金される「インプレッション保証型（CPM）」とクリックされるごとに課金される「クリック保証型（CPC）」の2つの方式があります。どちらがいいかは予算とそのコストパフォーマンスを勘案して決めることになります。

　リターゲティング広告にはGoogleとYahoo!のディスプレイ広告ネットワークの他、Facebook広告、Instagram広告、LINE広告などがあります。なお、Googleではリマーケティング広告と呼んでいます。

|||| リターゲティング広告とは何か ||||

リターゲティング（Googleではリマーケティングと呼ぶ）とは、一度訪問したサイトの広告が、色々なWebサイトへ遷移しても表示される、という仕組みのこと。

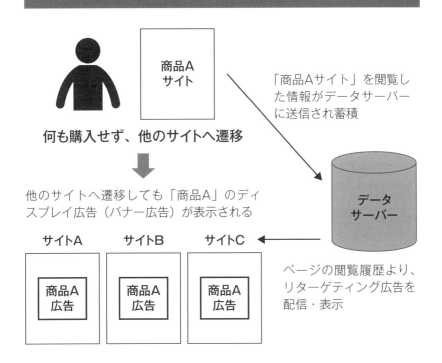

リターゲティングタグを貼ったサイトへ訪問すると…

商品A
サイト

何も購入せず、他のサイトへ遷移

「商品Aサイト」を閲覧した情報がデータサーバーに送信され蓄積

データ
サーバー

他のサイトへ遷移しても「商品A」のディスプレイ広告（バナー広告）が表示される

サイトA　　サイトB　　サイトC

商品A
広告

商品A
広告

商品A
広告

ページの閲覧履歴より、リターゲティング広告を配信・表示

── リターゲティング広告の「リスト」という仕組み ──

リターゲティングには、その他に「リスト」という仕組みがある。リストとはリターゲティングの対象となったユーザの一覧のことで、「トップページを見たユーザー」「問い合わせページまで訪問したけど購入に至らなかった」というリストも作成することができる。それらを組み合わせて、「トップページ」を見た人にだけ広告を配信するなど、最適にコントロールしていく。

動画広告の活用①
訴求内容をわかりやすく伝える

テキストや画像よりも多くの情報を短時間でわかりやすく伝えられるメリットから年々そのウエイトが高まっている

　YouTube広告に代表されるように、デジタルマーケティングにおいて動画広告は年々増加しています。なかでも、スマホ動画広告は2020年は前年比114%の伸長率（サイバーエージェント調べ）であり、今後もその成長が見込まれています。

　動画広告の特徴は、なんといっても訴求内容をわかりやすく伝えることができることです。食品を広告する場合、画像とテキストよりもシズル感や実際に食べているシーンを動画で伝えたほうが圧倒的にわかりやすくなります。ただし、多くを伝えようとするあまり、長い動画は忌避されることに注意します。主なメリットは次のとおりです。

　①多くの情報が映像と音でわかりやすく伝えられる

　②スマホでいつでもどこでも見ることができる

　③シェアしやすい

　④動画コンテンツの制作が容易にできる

　⑤気に入ればすぐにコンバージョンに誘導できる

　⑥効果測定しやすい

　これだけに限りませんが、動画慣れしたユーザーにとって、広告に触れる負担が少ないということも大きなメリットでしょう。

　その表示方式には大きく、YouTubeに代表される視聴中のコンテンツに割り込む「インストリーム方式」、広告バナーに表示される「インバナー方式」、SNSなどのタイムライン内に表示される「インフィード方式」の3種類があります。

　課金方式も再生1回毎の課金の「CPV型」、1,000回表示ごとの課金の「CPM型」、クリックごとに課金の「CPC型」の3種類があります。

|||| 動画広告のプラットフォーム ||||

●ソーシャルメディアプラットフォーム

大手ソーシャルメディアプラットフォームの「動画再生回数」を増加させる広告が最も一般的かつ人気。とくにFacebook動画広告は「音無し」「自動再生」で注意を引きやすい。

●その他、キュレーションサイト（まとめサイト）系など

「グノシー」や「SmartNews」といったスマホニュースキュレーションサービスも動画メニューが充実してきている。
その他、Yahoo! JAPAN プレミアムビジョンなど、Yahoo!内で表示されるビデオ広告ネットワークや、インターネット放送局AbemaTVなども展開されている。

広告費の中で大きな位置を占めるようになったインターネット広告費の中でも、動画広告は急成長している。各企業が動画広告に大きな可能性を感じ、力を入れている様子がうかがえる。

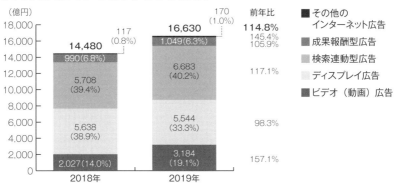

※（ ）内は、インターネット広告媒体費に占める構成比
＊電通調べ

動画広告の活用②
アテンションを獲得する3つのコツ

**人間が生存本能で反応する「動くもの＝動画」を活用し、
アテンションを獲得する3つのコツ**

　リスティング広告やディスプレイ広告は、ユーザーを自社ホームページ
やランディングページへ誘導して、商品購入などの次のアクションに移る
きっかけをつくることが目的でした。一方、**動画広告は動画を通じて商品
やサービスに関する情報を見てもらうこと、関心を持ってもらうことが目
的**です。つまり、動画自体がアテンションの獲得にとても有効だというこ
とです。人間は、"動くもの"に反応する生存本能を備えています。ひとつ
のWebサイトの中に、文字と画像と動画があった場合、真っ先に動画に
目がいくのは、この本能によるからです。とはいえ、一瞬だけ目を向けて
もらうだけでは意味がありません。動画広告で確実に、次につなげるアテ
ンションを獲得するには3つのコツがあります。

　①最初の5秒に集中する

　動画広告は基本的に最初の5秒が過ぎればスキップできます。そのた
め、冒頭でいちばん言いたいことを伝えたり、ダイジェスト版を挿入した
りして、最初の5秒で何を伝えたい動画なのかがわかるようにします。

　②無駄な間をカットする

　YouTuberがよく使うジャンプカットという手法を使って無駄な間を
カットするように、有益なすき間時間を提供するように心がけると好感度
も注目度も上がります。

　③バーナム効果を活用する

　自分のことだと思うことで共感を生みやすいバーナム効果を活用して、
ユーザーが自分ごと化してもらうメッセージを伝えたり、アニメーション
を取り入れたりして、自分が投影されるような演出を考えましょう。ユー
ザー自身が主人公になりえる動画だと、反響が大きくなります。

|||| 動画広告制作のコツ ||||

コツ 1 　　最初の5秒に集中

①最初に結論を伝える。

②内容をまとめたダイジェスト版を最初に置く。

③どんな人のための動画なのかが伝わるメッセージを、最初に端的
　に伝える。

コツ 2 　　無駄な間のカット

①電車の待ち時間、信号待ち、エレベーターの中というすき間時間
　での視聴を想定して、不必要な要素をどんどん省く。

②ジャンプカットという映像編集の手法を使って、セリフとセリフ
　の合間をカットして、尺を短くする。

コツ 3 　　バーナム効果の活用

①自分ごと化してもらうためのメッセージを挿入する。

②等身大のキャラクターを設定したアニメーションを取り入れる。

動画広告は、最初の5秒間再生されたあと、広告をスキップするか見
続けるかをユーザーが選択できることが基本。2秒で「必要なし」と
判断され、残り3秒をスキップの待機時間とされることがないよう、
コツ1〜3を駆使して、動画広告を制作する。

その他のペイドメディア
ネイティブ広告

ユーザーに不快感なく読んでもらえる「広告に見えない広告」がWebで主流となっている

　掲載先のデザイン・体裁などを踏襲し、メディアやプラットフォームに自然に溶け込ませるようにした広告のことを「ネイティブ広告」といいます。現在では"広告らしい広告"はユーザーに敬遠されてしまうため、ネイティブ広告のような"広告に見えない広告"が主流になってきています。

　ネイティブ広告の効果としては、主に3つあります。

　①全体に溶け込ませることで、ユーザーに無視されにくく、コンテンツの一部として見てもらうことができること

　②ユーザーに不快感を与えない有益な情報を届けることで、既存のバナー広告に反応しないユーザーにリーチができること

　③掲載先のメディアやプラットフォームのファンに親近感を持ってもらい、広告効果を高めることができること

　ネイティブ広告というのは概念であり、それを実現するためのフォーマットにはいくつかの種類があります。

　SNSやキュレーションメディア、ニュースアプリなどでよく利用されているのが「インフィード広告」です。Webサイトやアプリのコンテンツとコンテンツの間に表示される広告です。先述したリスティング広告も、「検索連動型」といわれるネイティブ広告の1つです。

　他にも「レコメンドウィジェット型」「プロモートリスティング型」「インドア型（IABスタンダード）」「カスタム型」などがあります。また、「記事広告」「タイアップ広告」と呼ばれる広告もネイティブ広告の一種であり、広告としてメディアの編集部が記事を作成します。

　ネイティブ広告として成立させるためには、右図の4つのポイントを押さえることです。

|||| ネイティブ広告のチェックポイント ||||

広告掲載面に広告を自然に溶け込ませることで、ユーザーにコンテンツの一部として見てもらうことを目的とした広告が「ネイティブ広告」だが、記事広告と混同されることが多い。

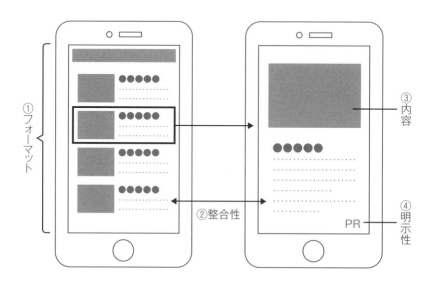

①フォーマット

掲載されるメディアに自然に溶け込み、自然なデザインになっているか？

②整合性

広告のメッセージと、遷移先のコンテンツの内容が一致しているか？

③内容

広告主の一方的なコミュニケーションではなく、ユーザーに役立つ情報を通じて、ブランドメッセージを届けているか？

④明示性

「広告」や「PR」等、ユーザーにペイドメディアであることがわかる表記がきちんとされているか？

|||| 85 ペイドメディアの効果測定

集客、購売、ブランディングなど広告目的に応じて、どんな数字を見るべきなのかを把握することで改善につなげていく

　ペイドメディアでは、効果測定がすべてが数値化できる点に特徴があります。これにより、KPIやKGIが設定できるとともにPDCAが検証しやすくなっています。

　その効果指標は、CPA（顧客獲得単価）、CPC（クリック単価）、CTR（クリック率）、CVR（コンバージョン率）、インプレッション（広告の表示回数）、フリークエンシー（広告への接触回数）などいくつかあり、マーケティング目的を明確にして、他社の動向にあまり惑わされず、自社なりの評価指標を整えておくことが重要になります。

　上記の指標はどれもが客観的に効果測定ができるという意味で重要指標となりますが、とりわけ、CPAは最重要です。

CPA（Cost Per Action）：顧客獲得もしくは見込み客獲得1人あたりのコスト。顧客獲得単価ともいう。

　CPAで、購買・資料請求など目的達成の総数とそれに投じた費用は把握するようにします。そして基本は顧客獲得単価を低くしていくことを目的に運用するように心がけることです。

　よくCPCとCTRも効果測定指標として推奨されますが、クリック単価とクリック率でわかるのは広告の精度であり、利益貢献につながらないケースも多々あります。

　ブランディングを目的とした広告、顧客獲得や誘導を目的とした広告、動画視聴を促す広告などそれぞれの指標はありますが、まずはCPAを改善することに専念することが最優先です。

|||| 効果測定指標の一例 ||||

CPA （顧客獲得単価）

・投下した広告予算
・目標（CV）達成件数

10,000円（広告予算）÷10（件）＝1,000円

CPC （クリック単価）

・投下した広告予算
・クリック数

100,000円（広告費）÷2,000回（クリック数）＝50円

CTR （クリック率）

・クリック数
・インプレッション数

100回（クリック数）÷1,000回（広告の表示回数）×100％ ＝10％

＊広告の表示回数をインプレッション（imp）という。

CVR （コンバージョン率）

・訪問者数(UU)
・目標（CV）達成件数

4（件）÷150(UU)×100％＝2.67％

CPM （インプレッション単価）

・投下した広告予算
・インプレッション数

10,000円（広告予算）÷20,000回（広告の表示回数）×1,000＝500円

ブランディング効果の測定

ペイドメディアは「成約」に目が行きがちであるが、動画やディスプレイ広告を見ることにより記憶され、認知が深まり、ロイヤルティが醸成される、ブランディング効果もある。広告認知度や好意度、ブランド認知度やブランド好意度などはアンケート調査で導き出すことができる。

第 **5** 章

広報・PR主体のアーンドメディア

‖‖ 86　アーンドメディアの役割と
アテンションの獲得

**第三者のブログやソーシャルメディアなど、自社ではコント
ロールできないメディアの活用**

　アーンドメディア（erned media）は、テレビ・ラジオ・新聞・雑誌な
ど、自社ではコントロールできないメディアのことです。**第三者による報
道や記事などの情報である特性上、その信頼性により、活用の仕方によっ
て効果的なマーケティングツールとなります。**いわば、デジタルマーケ
ティングが登場する前のマス媒体を活用した広報戦略と捉えれば、わかり
やすいでしょう。広報戦略は、第三者による評価ということで、広告とは
違った情報の信頼性が醸成されるため、企業のコミュニケーション活動の
中でもとりわけ重視された施策です。

　デジタルマーケティングでも同様に、広報的なクチコミとして活用でき
れば、顧客をファン化するアーンドメディア戦略として大きな効果が期待
できます。

①広報戦略・PR戦略

　マスメディアに取り上げてもらうには、新たなブームやトレンドを起こ
すような期待の高い話題の提供が条件です。

②ソーシャルメディア戦略

　自社にとって影響力のあるソーシャルメディアを探索し、どのようにア
プローチしていくかを戦略的に策定します。

③クチコミ＆レビュー

　アマゾンや楽天、AppStoreなどのeショップでの商品レビュー、カカ
クコムなどの比較サイトのレビューは、購入決定に大きく影響していま
す。こうした他者評価がされるサイトをどのように活用するか、また、多
くの人に影響力のあるパワーブロガーへのアプローチなどもアーンドメ
ディア戦略上必須の施策となります。

|||| アーンドメディア戦略の基本的な考え方 ||||

軸となるマーケティング戦略テーマ
およびキーメッセージとは？

アーンドメディア（マスメディアおよびソーシャルメディア）で
次の３点について考える

- どんな「取り上げられ方」が望ましいのか？
- そのために「どんな材料」が必要なのか？
- それら材料の準備、実行には「予算と時間」はどれくらい必要なのか？

PRでは難しい獲得系や
長期的なイメージ訴求を広告分野で補完する
という考えからメディアプランをまとめる

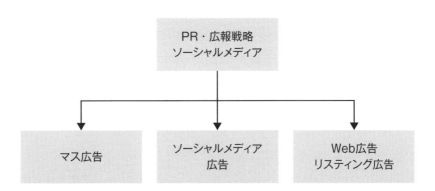

PR・広報戦略
ソーシャルメディア

マス広告

ソーシャルメディア
広告

Web広告
リスティング広告

それぞれの広告クリエイティブについて
PRの材料となるキーワードをもとに
媒体ごとの広告クリエイティブを考える

87

アーンドメディアの活用①
アテンションの獲得

> PR活動に3つの手法を取り入れてメディアの注目を集め、報
> 道の連鎖を起こしてアテンション獲得を狙う

PR活動で多くのアテンションを獲得するための方法は以下の3つです。

①意外性の活用

これは、一般に認識されているイメージから、あえて2、3歩踏み外すアクションにより話題をつくり出し、その意外性からアテンションを引き出す手法です。「地方在住の高齢の女性がネットで年間1000万円超の収入」というニュースが話題になったことがあります。近くの山林から葉っぱを集めてネットで注文を受け、全国の料亭に飾り用として出荷するビジネスでした。「地方の山林×ネット」「高齢の女性×高収入」という二重のギャップが成功した例です。

②対立構造の演出

自社ブランドとその競合を対抗させて話題をつくる手法です。ファストファッションのフォーエバー21が日本に初上陸した際に、H&M、GAP、ZARA、ユニクロが競合する東京・原宿に出店し、「ファストファッション戦争の勃発だ！」という打ち出し方をしました。メディアの格好のニュースネタとなり、PRプロモーションに成功しました。

③社会性のアピール

企業の社会的責任への取り組みをPR活動に盛り込む手法です。SDGs（接続可能な開発目標）、LGBT、D&I*（ダイバーシティ＆インクルージョン）、脱炭素といったグローバルの共通課題に対してどのように取り組み、企業としての説明責任を果たすことは消費者の理解を得るためには必須となっています。

---

* D&I：ダイバーシティ＆インクルージョン。多様性と受容。性別や国籍などの外面の属性や、内面の属性にかかわらず、個を尊重し活かしていくこと。

‖‖ 3つの手法で得られるアテンション ‖‖

手法1：意外性の活用

- 従来のイメージとは正反対のイメージのアクションを起こす

- 真逆のイメージがある企業とコラボレーションする

意外な組み合わせで気になる！

手法2：対立構造の演出

- 自分の商品やブランドと、それと対抗するものを対立、競争させる

何やらバトルがはじまったぞ。気になる！

手法3：社会性のアピール

- 自社の社会的な活動について、言及する

- 社会性をアピールする用語を散りばめる

意識の高い企業だな。気になる！

88

アーンドメディアの活用②
アテンションの最大化

複数のタッチポイントで施策を用意し、アテンションのカバレッジをより広く、より深くする

アーンドメディアを用いてアテンション獲得に取り組む際には、複数のタッチポイント（情報との接点）＝マルチタッチポイントを用意しておくことです。

ターゲットの幅が広い清涼飲料水を例にとってみましょう。清涼飲料水は、40代の男性も、20代の女性も同じように購入することが想定されますが、彼ら彼女らが情報を入手するタッチポイントは異なります。それぞれのカスタマージャーニーをイメージしてみましょう。40代の男性は、テレビの情報番組を見ながら出勤する準備をし、通勤電車では中吊り広告やデジタルサイネージを見たり、スマホでFacebookの投稿を眺めたりするとします。一方、20代の女性は通勤中、スマホで情報アプリのチェックに余念がなく、仕事の合間の休憩時間には、同僚と新商品について、あれこれと話題にするかもしれません。このように、世代や性別、職業、ライフスタイルなどにより情報の入手源が異なるので、**幅広い層をターゲットの商品をPRしたい場合は、マルチタッチポイントで施策を用意して、それぞれのターゲットに興味を持ってもらうようにする必要があります。**

また、マルチタッチポイントでのアテンションの獲得では、1人が商品の情報を目にする頻度も増えるので、1人ひとりについても、いずれかのポイントでアクションを促す効果も期待できます。たとえば、朝の情報番組で紹介されていた商品についてTwitterでフォロワーが呟いていたり、昼休みに同僚が話のネタにしていたりすれば、印象がグッと深まります。

PR活動をする際には、このように、できるだけ多くのタッチポイントで情報に接することができるようにプランニングし、消費者がアテンションから次のアクションに移りやすくなるように仕向けていきます。

|||| マルチタッチポイントのPR活動 ||||

●清涼飲料水の場合

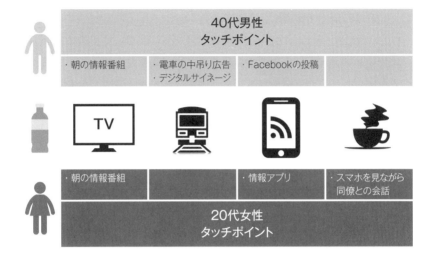

|||| ターゲットが異なるとタッチポイントも異なる ||||

清涼飲用水のようなターゲットの幅広い商品をPRする場合は、マルチタッチポイントでそれぞれPRの施策をして、ユーザーが目にする機会を逃さないようにする。

| | ・朝の情報番組 | ・電車の中吊り広告 ・デジタルサイネージ | ・Facebookの投稿 |

また、1人の人が、同じ商品の情報に複数のタッチポイントで接すると、商品が強く印象づけられてアテンションからアクションに移行しやすくなる。

89

アーンドメディアの活用③
第三者による情報発信

企業が発信した一次情報よりも、第三者の視点で編集された情報のほうが信頼性が高い

　アーンドメディアは、企業から発信された商品やサービスの一次情報そのままではなく、**第三者であるメディアのフィルターを通して編集された情報がユーザーに届けられるのが特徴**です。

　そこで、私たちがどこから発せられた情報を信頼しているかを示す統計結果を見てみましょう。コンサルティング会社ADDIXが有職ミレニアル世代女性（25～29歳未婚）を対象にした意識調査（2018年2月実施）によると、信頼し重視している情報源は、「友人・家族」が最も多く16.6％で1位となりました。

　つまり、**人となりを知っている相手のお墨付き情報に最も信頼を置いている**という結果です。

　また、3位「テレビ」、5位「Twitter」、6位「Instagram」が、10位「ブランドやお店、サービスの公式サイト／アプリ」や、ランク外の「企業の公式ホームページ」を上回っていることから、私たちが第三者の発信する情報に比較的信頼を置いていることがわかります。

　特定の情報をどこから入手するかの調査結果（複数回答）からは、フード・グルメ情報の場合、「テレビ」（44.6％）と「友人／家族」（42％）が多数を占め、「口コミサイト」（27.6％）が続きます。ファッションやコスメ、旅行情報に関しても、テレビや雑誌、友人・家族、口コミサイト、SNSが上位にあることからも、情報のジャンルによる違いは多少ありますが、第三者の発信する情報の信頼度が高いことがわかります。

　こうしたことからわかるとおり、マーケティングをする側は、**第三者視点の情報を数多くマルチタッチポイントで発信できるように、アーンドメディア戦略、PR戦略を立てていく**必要があります。

‖‖ 信頼している情報源 ‖‖

●最も信頼し、重視している情報源は?

対象:有職ミレニアル世代女性500人、単一回答

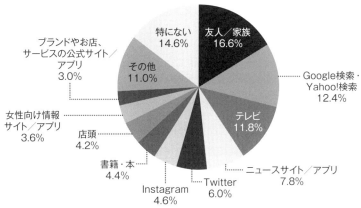

友人／家族 16.6%
Google検索・Yahoo!検索 12.4%
テレビ 11.8%
ニュースサイト／アプリ 7.8%
Twitter 6.0%
Instagram 4.6%
書籍・本 4.4%
店頭 4.2%
女性向け情報サイト／アプリ 3.6%
ブランドやお店、サービスの公式サイト／アプリ 3.0%
その他 11.0%
特にない 14.6%

BWRITE(ADDIX)調べ

●フード・グルメ情報をどこから得ている?

対象:有職ミレニアル世代女性500人、複数回答

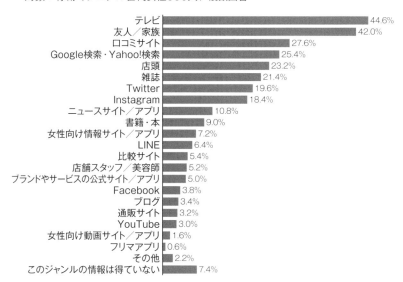

テレビ	44.6%
友人／家族	42.0%
口コミサイト	27.6%
Google検索・Yahoo!検索	25.4%
店頭	23.2%
雑誌	21.4%
Twitter	19.6%
Instagram	18.4%
ニュースサイト／アプリ	10.8%
書籍・本	9.0%
女性向け情報サイト／アプリ	7.2%
LINE	6.4%
比較サイト	5.4%
店舗スタッフ／美容師	5.2%
ブランドやサービスの公式サイト／アプリ	5.0%
Facebook	3.8%
ブログ	3.4%
通販サイト	3.2%
YouTube	3.0%
女性向け動画サイト／アプリ	1.6%
フリマアプリ	0.6%
その他	2.2%
このジャンルの情報は得ていない	7.4%

BWRITE(ADDIX)調べ

アーンドメディアの活用④
報道連鎖の促進

ストーリーマーケティングの手法などを活用して、素材を興味深いものに加工してニュースネタにする

　報道連鎖とは報道が報道を生み出し、情報伝播が好サイクルになることをいいます。そのためにはまず、情報伝播のスピードに注目します。

　まず、情報発信源から直接ユーザーに届く1次媒体としてWebがあります。ニュースやトレンドは、Twitterで呟かれたり、Instagramに投稿されたりして、人々の間に一気に広まります。事件、事故、政治ネタは従来からあるマスメディアが強いですが、企業情報やトレンドネタはWeb発信の伝播力が強力です。

　次に、2次媒体としての新聞です。新聞記者は独自取材により報道を行うのが基本ですが、ソーシャルメディアなど世間で話題になっている情報を取り上げることもあります。

　その他の2次媒体としては、テレビやラジオ、雑誌があります。最近これらの媒体はWebからネタを集めて、企画や特集を組むことが増えました。制作や編集の外部依存が増しているという事情もあり、ネタ集めをネットに頼っている様子がうかがえます。

　報道連鎖を起こすには、ニュースの起点となるメディア、もしくはインフルエンサーに火をつけるのが最も有効的な方法です。その事情を勘案し、オウンドメディア、Webニュースメディア、ソーシャルメディアに情報提供したりアーカイブしたりして、メディア側に検索してもらう環境をつくります。

　現在のマスメディアの現場では、他のメディアからヒントを得ることが多く、とくにテレビ業界ではその傾向が顕著です。そこで、テレビネタになるように、ストーリーマーケティングなどの手法を活用するなどして、報道ネタとして採用されやすい情報に加工しておきます。

▎▎▎ メディアがメディアを呼ぶ報道連鎖 ▎▎▎

「同じようなネタをほかでも見た」「これ、ほかの雑誌で特集されていた」
テレビや雑誌をながめていてそのようなことに気がついた人はいるだろうか？
とくに朝・昼の情報番組を見ていると数日空けて同じネタを取り上げていることもよくある。これは「報道連鎖」と呼ばれる現象である。メディアは他のメディアを見て、「自社の媒体でもネタとしてできないか？」を模索している。視聴者や読者にとって有効な情報に限った話だ。

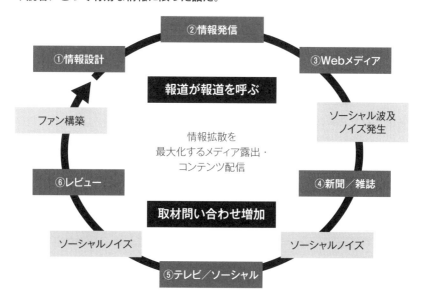

「報道連鎖」のイメージは「坂を転がる雪玉」
報道連鎖は、最初はゆっくりだが、一度スピードに乗ると報道が大きくなる。

「報道連鎖」を生み出すには
①まず「何を報道連鎖させるのか？」を間違うと上手く回らない。世の中の「トレンドの先」を読んで情報設計する。
②および③情報をどこから広げていけばいいのか？　まずはニュースサイトなどのWebメディアから攻略するようにする。Webで話題を呼べば、ソーシャルメディア上でもクチコミされやすい。
④Web上で話題が広がった次は、紙媒体掲載を狙う。テレビ媒体は新聞、雑誌からネタを拾うことが多い。
⑤新聞・雑誌で多く掲載されれば、テレビの目にも止まりやすい。１つの番組で放送されると立て続けに他の番組からも問い合わせが入る。
⑥テレビで放送されれば、Yahoo！検索ランキングやソーシャルメディア上で話題となり、さらなるメディアからの問い合わせが相次ぐ。

アーンドメディアの活用⑤
ブームの仕掛け

情報拡散の起点になる人たちに向けて、報道価値が高まるように情報の元（ネタ）をよく吟味し、発信内容を固める

広報戦略／PR戦略を組み立てる際に、報道が報道を呼ぶ「報道連鎖」やブームを生み出すことは広報にとって1つの目標です。しかし、やみくもにプレスリリースを送信したところで報道連鎖やブームが生まれるわけではありません。**まずは「どんなネタがヒットするのか？」を想定したネタ元のストーリーを生み出し、次にまず最初にどこに取り上げてもらうべきなのかを考えましょう。**そのとき、プレスリリース以外に、報道資料やインフォグラフィックス、動画など多彩なアプローチ方法を準備しておきましょう。「ブームの仕掛け」という視点であれば、以下に示すようなことが考えられます。

①ブームの火つけ役になるメディア（人）

コラムニストや特定の分野に強いジャーナリストなど業界動向に詳しく、最前線で取材をしている人、または業界特化型メディアへのアプローチ。しかし昨今は、雑誌メディア発の「トレンドキーワード」が生まれにくくなっています。その一方で、Webメディアやソーシャルメディア発のキーワードやトレンドからの報道連鎖が増加しています。

②ブームの兆しを捉えることが上手なメディア

Webニュースメディアへのアプローチ。業界ごとのWebニュースメディアはトレンドを拾い上げるのが早いです。また、週刊誌も流行の兆しを掴み、特集を組むことがよくあります。一般紙は事件・事故・政治などは早いですが、トレンドネタは比較的遅い傾向があります。

③ブームになってから取り上げるメディア

代表格はテレビです。とくにグルメ系情報などはどこにも取り上げられていないお店を特集し、火がつくことがあります。

|||| イノベーター理論を広報／PR戦略に当てはめる ||||

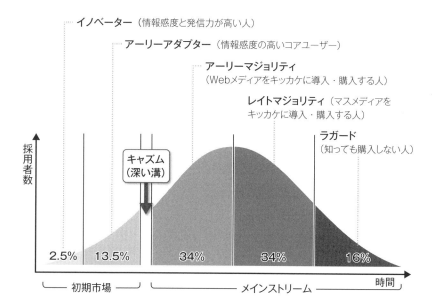

イノベーター（情報感度と発信力が高い人）

アーリーアダプター（情報感度の高いコアユーザー）

アーリーマジョリティ
（Webメディアをキッカケに導入・購入する人）

レイトマジョリティ（マスメディアを
キッカケに導入・購入する人）

ラガード
（知っても購入しない人）

採用者数

キャズム
（深い溝）

2.5%　13.5%　34%　34%　16%

初期市場　　　　メインストリーム　　　　時間

「Webメディア」媒体
・第1次メディアとなったWebニュース媒体
・業界内のトレンドの発端となる影響力を持っている
　インフルエンサー
・Webニュースは半永久的に残り、キーワードで引っ
　かかりやすい

ポータルサイトからマスへニュース波及

スマホおよびポータルニュースへの掲載
・すでにマスメディアと化したポータルのメディア力
・20代～40代が中心　男性、女性
・メディアに従事している人（ニュース閲覧＋検索）

さらに、ソーシャルメディアへの波及

「個」のメディア波及→バイラルループ
・ニュースに対してコメントを呟く
　（Twitter/Facebook）
・ソーシャルメディアでの情報拡散
・ソーシャルメディアの話題をさらにマスメディアが
　ピックアップ

●広報型イノベーター理論の注意点
・感度の高い人は、何も最先端ばか
　りを追っているわけでも、ソー
　シャルメディアを利用しているわ
　けでもない。
・業界、年齢、関心（趣味）で分割
　されたクラスタごとにトレンドは
　生み出され、それを伝播するため
　の時間がソーシャルメディアやマ
　スメディアを使っていないと長い
　時間を要することになる。
・クラスタごとのトレンドをマスメ
　ディアが報じ続ければ、全国的な
　ブームとなる傾向が高い。
・ただし、アーリーアダプターまで
　情報が届くのは比較的容易だが、
　アーリーマジョリティまで届ける
　のは非常に難しい。2つの層の間
　に大きな溝（キャズム）が存在す
　る。

アーンドメディアの活用⑥
メディアインバウンド戦略の検討

**「メディアが報じたいと思うネタは何か?」——メディアの
リサーチに対応する情報を検索で見つけやすくする**

　企画やネタを探している状況でリサーチしているメディア従事者に引っ
かかる情報を意図的に提供し、報道に仕向ける手法が本書で何度か説明し
ているメディアインバウンド戦略です。

　報道関係者の最大のモチベーションとなるのは「報じられていない良い
ネタ」を「どこよりも早く報じる」ことです。いわゆる「特ダネ」です。
記者やディレクターは、自分が書いた記事や担当した番組の評判が良いと
評価されますし、何より「自分で見つけたネタ」を「良いアウトプット」
にできたときの快感は金銭や評判に代えがたいものがあります。メディア
インバウンド戦略は、このメディア従事者のモチベーションを最大限利用
します。

　ただし、通常の広報業務のようにプレスリリースを送り、訪問してプレ
ゼンテーションするのではなく、「インターネット上に情報をアーカイブ」
していきます。メディア従事者は広報やPR会社から送りつけられた情報
ではなく、自ら探索した情報により価値を見出すため、記者やライターが
自ら見つける仕掛けを施します。ここではその代表的な方法を2つ紹介し
ます。

　①ネタになりそうな情報を自社ホームページなどにアーカイブ

　トレンドや世相をテーマにしたオリジナルのアンケート調査情報、イン
フォグラフィックス、取材対象者情報、インフルエンサー情報などを自社
のオウンドメディアにアーカイブしていきます。

　②アーカイブをプレスリリース配信しWebニュースメディアに掲載

　Google検索でひっかかりやすくするために、ネタになりそうな情報を
プレスリリースとして発信します。

‖‖　メディアインバウンド戦略の基本　‖‖

- メディア業界の「ネタ探し」＝「リサーチ」は、大切な業務。毎日コンテンツをつくる制作サイドにとって、このリサーチ業務は専門職があるほど重要な仕事である。
- ネットが普及する以前は、リサーチ業務は「記者」が足で「ネタ」を探し、他紙や他番組などもくまなくチェックしていた。しかし、ネット検索が普通になった現在、メディアからの取材を増やすために最優先させる仕事が、Webでの露出を高めていくことである。

①Webメディアへの露出を増やす

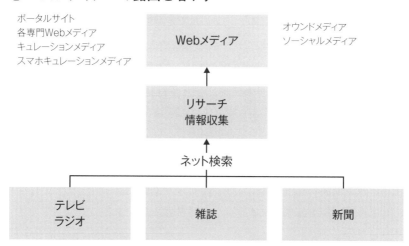

メディアがネタを探しているときは「ある特定の企画」のためにリサーチをするか「企画のタネ」を見つけるためにリサーチをする。
ネット検索でキーワードを入れて上位に来るのは「Webニュース」となる傾向があり、そのニュースソースをたどって、自社サイト（オウンドメディア）にやってくることが多い。

②オウンドメディアにニュースネタをアーカイブしていく

様々なWebニュースへの露出を高めるために、その情報に対応したコンテンツ（プレスリリースや調査情報、自社商品／サービス／人物情報）をオウンドメディアにアーカイブしていく。

アーンドメディアの活用⑦
調査型プレスリリースの発信

**バレンタインや夏休みなど季節性のイベントに合わせた消費者
調査の結果をコンテンツ化し、ニュース素材として発信する**

　メディアと継続的に関係を維持するには、定期的な情報発信が欠かせま
せん。しかも、報道したくなるような情報が条件です。そうなると、ユ
ニークさや有益性が高い情報ということになります。

　そうした情報の王道が、「**アンケート調査型プレスリリース**」です。こ
れだと、**発信側が意図したスケジュールで定期的に送付が可能**です。

　アンケート調査型プレスリリースとは、たとえば、バレンタイン時に
「一緒にデートしたい芸能人は？」などや、「月間ソーシャルメディア利用
調査」といった、一般消費者に対して自社商品・サービスと関連するイ
メージ調査や実態調査をして、それをメディア掲載につなげていくという
広報テクニックです。バレンタインや夏休みなど季節ごとのイベントに合
わせて、「○○社調べ」などの調査実施社のクレジットが入ったニュース
記事は報道機関に採用されやすいと言われています。

　このテクニックの実施ポイントは、以下のとおりです。

　①**ターゲットメディアの選定**（エンタメ系・ゴシップ系・硬派系など、
　　メディアのニーズに適した情報を集める）

　②**季節性のキーワードの検討**（季節のキーワード：クリスマス、バレン
　　タインデーなどと絡めた調査企画を実施する）

　③**意外性とユニークさの演出**（10問に1つはエッジの効いた質問を入れ
　　るなど、違和感をつくり出す工夫をする。意外な結果が得られれば、
　　面白いプレスリリースができる。ダメもとで質問してみることも重要）

　このような調査をオウンドメディア上にアーカイブしていけば、前述し
たメディアインバウンド（メディアリサーチ対応／取材問い合わせ）にも
つながります。

|||| アンケート調査型プレスリリースの基本 ||||

●一般的な調査型PRの例

プレスリリース

調査テーマ
・自社でしか調査できないこと
・業界に特化した調査
・身近だけどこれまでなかったテーマ
・季節性のあるキーワード

自社のサービスや商品に関連したキーワードをテーマに
インターネット調査 → 調査型プレスリリース配信

エンタメ系媒体への掲載を狙うために

・話題の芸能人を絡める
・「あるある」「究極の選択」方
　式のエンタメ要素を強くする
・インフォグラフィックス

●アンケート調査のポイント

アンケートは「選択式」を中心にする

インターネット調査を行う場合、回答者が答えやすい設問設計することが重要である。フリー回答は面倒であり回答率も下がってしまうため、選択方式中心に行う。

様々なクロス集計から「ネタ」に工夫を加える

調査データが完了したら、その中から何が「ネタ」になるのかを見つける。出てきた答えをそのままプレスリリースにするのではなく、男女別、年齢別、地域別、などデータを比較・分析して記者・編集者の興味を刺激する内容に工夫する。

海外にも調査データを発信する

日本の業界をマクロ視点で調べた調査データは海外メディアにとっても有効だ。配信を日本だけに留まらず、海外メディアにも積極的に展開する。海外メディアの場合、インフォグラフィックスになっていればさらに掲載確率は上がる。

アーンドメディアの活用⑧
調査型プレスリリースのアーカイブ

「あのテーマの情報ならあの会社のWebサイト」と想起できる
アーカイブ化を目指し、メディアインバウンドにつなげる

たとえば、手帳メーカーが手帳の使用頻度、手帳とデジタルツールとの使い分け、手帳のヘビーユーザーとしてイメージできる著名人といった、自社の事業に絡めたユーザー調査を集計・分析して発表するアンケート調査型プレスリリースを継続的に発信し、それを自社のWebサイトに蓄積することでメディアからの問い合わせを誘導する施策は「メディアインバウンド」といえます。

広報には、プレスリリースをメディアに発信する「アウトバウンドマーケティング」と、メディアが情報を求めてやって来る「インバウンドマーケティング」の両面の考え方があると先述しました（64ページ参照）が、双方ともに広報の仕事として重要です。このうち、**インバウンドマーケティングとしてのアンケート調査型プレスリリースのアーカイブ化において、分析結果をコラムなどの読み物としておくと、よりニュースネタとしての価値が高まります。**コラムだけではなく、ストーリーマーケティングを仕掛けることも情報の加工の仕方によっては可能です。

さらには、**調査結果をインフォグラフィックス化しておくと、そのユニークさとビジュアル素材として活用できることで記事として採用されやすくなります。**インフォグラフィックスも自社Webサイトなどのオウンドメディアにアーカイブしていき、それを自社のソーシャルメディアで発信すれば、メディアだけでなく広く一般にも拡散させることができます。

メディアの使命は世の中に役立つ情報をタイムリーに届けることです。そのために、あらゆる情報源にアンテナを張っています。そうしたメディアのニーズに適った情報をアーカイブ化することがマーケティング効果を高める方策となるのです。

|||| 調査データをフル活用するメディアインバウンド施策 ||||

アンケート調査型プレスリリースをメディアに発信しただけでは一過性で
終わってしまうが、メディアの日々のリサーチに応えるコンテンツとして
オウンドメディアにアーカイブしておけば、問い合わせにつながる確率が
上がる。

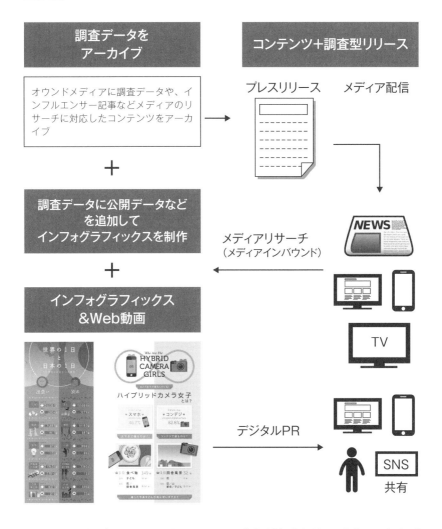

その他、人物プロフィールやコラム、写真など多彩な流入ポイントおよび
メディアの問い合わせポイントをつくる。

アーンドメディアの活用⑨
啓蒙型PRの実施

「健康に良い」など共通した社会通念をつくり、それが記事やニュースとして拡散されることを意図する

PR活動には、「啓蒙型PR」という手法があります。成功した具体例を見てみましょう。

ハイボールはひと昔前までは中年男性が飲むものとして定着していましたが、角ハイボールやトリスを中心に、いまでは若者に人気の飲み物になりました。これは、サントリーがテレビCMのキャスティングや広告のキャッチコピー、専用サーバー「ハイボール」の開発、地道なPR活動を続けた結果、ハイボールを飲む文化が若者に浸透したからです。

このように、**共通した社会通念をつくって、最終的に自社の利益につなげるのが、啓蒙型PR**です。

消費者は、「ハイボールはおいしい」「若者にこそハイボール」と商品そのもののメリットや効能をストレートに訴求されるとガードが上がり、アテンションを拒んでしまう傾向があります。啓蒙型PR手法は長期的な戦略ですが、成功すれば、業界全体の盛り上がりも醸成されるので、非常に効果的です。

また、ワインに含まれている成分のポリフェノールの効果で「ワインは健康にいい」とされるようになったのも啓蒙型PRによるものです。

PRは、ほかのデジタルマーケティングに比べ、売り上げとの結びつきや費用対効果が実感しにくいマーケティングではありますが、継続することでアテンションを獲得できる層は確実に広がっていきますし、最終的に購入というアクションにたどり着く数も増えていきます。

短期的な視点で「結果が出ない」とPRを断念してしまうのではなく、長い目で、消費行動のファネルのいちばん上を広げる意識の継続が効果を上げることにつながります。

|||| 啓蒙型PR手法の例 ||||

ハイボール

| "おじさん" が飲むもの | → | 若者の居酒屋の定番 |

急激に縮小したウイスキー市場を活性化する目的で、サントリーが若年層をターゲットに、PR活動を展開しはじめる。

●健康面での効果・効能を訴求した例

- ・ヨーグルト→目や鼻の不快感を緩和する
- ・ショウガ→ポカポカ温まる
- ・キシリトール→虫歯予防
- ・ワインやお茶などに含まれるポリフェノール→若々しさを保つお手伝いをする
- ・ヨーグルトなどに含まれるビフィズス菌→腸内環境を良好にする

●ネガティブな印象をポジティブに変換した例

- ・結婚相談所、お見合いパーティ→婚活
- ・便秘改善→腸活

96 アーンドメディアの活用⑩ テレビ露出の獲得

**通常のプレスリリースではなく、その番組の特性にあったビ
ジュアル素材の資料を郵送または手持ちする**

　テレビはひと昔前に比べて視聴者が減っていると言われています。しか
し、いざ放送されれば、「行列」「売り切れ」などその影響力は絶大です。

　テレビの大きな特徴は、視聴率第一主義であることです。そのため、視
聴率が取れる見込みの高いネタほど採用の可能性が高くなります。重点
ターゲットは、主婦、シニア、子どもたちです。これらの層に好まれる情
報を、朝から夕方にかけて放送しています。つまり、**日中のテレビメディ
ア攻略のカギは、自社商品・サービスを「主婦向け情報」にできるかどう
か、ということです。**

　そして、番組カテゴリーに関係なく、**テレビが取り上げるかどうかの大
きなポイントは、「画に撮れるか」という点です。**プロデューサーやディ
レクターは、「画が面白いか」「画として成立するか」を第一に考えていま
す。いくら面白いWebサービスやアプリでも単一の画しか撮れないよう
なら放送されません。

　**企業ネタであれば、テレビ東京系列で放映中の「ワールドビジネスサテ
ライト」に代表される経済番組での採用がPRには有効とされています。**
経済ニュース番組という特性上、新商品・サービス、イベントなどは報道
採用基準内ですが、商品を実際に使っている取材対象者や専門家などイン
タビューを取れるように事前準備は必ず必要です。

　また、**情報番組では、時流感の打ち出しや、画としてのユニークさ、わ
かりやすいキーワードなどを意識します。**

　そして、番組やコーナーの担当者へのアプローチとなるわけですが、通
常のプレスリリースではなく、ビジュアル重視の資料を作成して郵送や手
持ちでアピールします。

|||| テレビ攻略のポイントは「Web・紙メディアとSNS」 ||||

テレビが「マスメディアの王様」と呼ばれるのは、その影響力もさることながら、本当の意味で「マス（大衆）」に伝えるメディアであるということだ。逆に捉えれば、マスに伝えるべき情報でなければテレビでは取り上げられない。つまりWebメディアや新聞で取り上げられたり、SNSで話題になっていれば、テレビ制作者も「流行っているんだな」と気がつき、自然と取材が入るというのが、テレビPRの王道といえる。

●テレビで紹介される可能性がある番組カテゴリー

平日朝の情報番組〜昼の番組、夕方ニュース、ゴールデンのバラエティ番組のメインターゲットは「主婦」であることを理解しておこう。最近ではシニアをターゲットにしている番組も増えた。自社および取り上げてもらいたい商品・サービスがそもそも「主婦」や「シニア」にマッチしていなければ、制作者は見向きもしてくれない。

●情報番組（ワイド）…最も企業系情報やトレンド情報が入る番組

●報道番組………………事件・事故・政治ニュース以外の大きな経済ニュース、特集枠が唯一入り込める部分

●バラエティ番組………旅番組、クイズ番組、経済バラエティ、などが入れやすい番組

※テレビ東京以外の「夜の報道番組」は大きな経済ニュース以外、ほとんど特集しない。すなわち「ワールドビジネスサテライト」で取り上げてもらいたい企業はたくさんあるが1番組だけに絞られてしまうのが実情。

●テレビ番組へのアプローチ方法

①メディアインバウンド戦略

まずはWebニュースへの露出を高め、1紙でも2紙でもよいので、新聞、雑誌メディアへ露出する。すると、番組側から問い合わせがくるようになる。

②テレビ用報道資料でアウトバウンドアプローチ

「テレビマンはプレスリリースなんて見ない」と通説のように言われているが、芸能会見のリリースなどはしっかりチェックしている。見ないのは単純な文字だらけの新製品プレスリリースなどだ。それをしっかりと「画で見せていく」内容にし、報道された新聞や雑誌記事のコピーと一緒に郵送すれば、開封され企画会議に提出されることが多い。テレビマンは「画を取れるかどうか？」という点と、「すでに流行っている＝紙媒体で取り上げられている」点の2つを重視している。

③アプローチ先は「担当ディレクター」に限る

テレビ番組へのアプローチ（訪問先、資料送付先）は、ディレクターに限る。放送作家、プロデューサーへのアプローチを勧める人もいるが、採用の確率は低いと言い切れる。コーナーを担当しているディレクターを電話などで探り出し、資料を送付したり、直接会いに言って交渉しよう。とくに情報番組や夕方ニュース番組のディレクターは「自分が担当する回」が定期的に回ってくるため、ネタに困っているものだ。

97

アーンドメディアの活用⑪
テレビとのSNS連携

スマホを操作しながらテレビを見る「ながら見」ユーザーへのマーケティングアクションを準備する

　テレビの影響力の大きさについて前項で触れましたが、視聴態度はかつてとはだいぶ変わっています。**現在では多くの人が視聴に専念するのではなく、ほかのことをしながらの「ながら見」をしていることが、アンケート調査からわかっています。**とくに若い世代では、スマホでSNSやネット検索をしながらの視聴の割合が高くなっています。

　実際に、視聴者がテレビの放送内容で感じたことをTwitterに投稿し、ニュースに取り上げられることは少なくありません。

　2016年に宮崎駿監督のアニメ映画『天空の城ラピュタ』がテレビ放映された際、クライマックスで主人公たちが滅びの呪文「バルス」を唱える瞬間に「バルス」と投稿する"バルス祭り"が話題になりましたが、NTTデータがリアルタイムでこのツイート数を計測したところ、1分間に34万5397ツイートを記録し、当時のギネス世界記録になったほどです。

　このような視聴態度の変化とテレビとTwitterの親和性の高さは、テレビ局側も十分に認識しています。なかには、視聴率よりもツイート数を重視する情報番組もあります。最近では、ニュース番組や野球中継で、視聴者の投稿がリアルタイムでテロップのように流れることも普通になっています。

　こうした傾向はさらに進展していくことに備え、**マーケティングを実行するうえで「ながら見」している視聴者がTwitterで投稿をしやすいようなアクションを用意しておくことです。**

　そして、投稿してくれた人をフォローするようにすると、オンエアされた情報がさらに多くの人に拡散し、報道連鎖を生まれ、アテンションをより多く獲得できるようになります。

|||| 視聴者がテレビを見ながらしていること ||||

平成世代・男性【n=167】		(%)
1位	食事	53.9
2位	インターネットサーフィン	46.7
3位	SNS	39.5
4位	家事	30.5
5位	ゲーム	25.1
6位	メール	16.8
6位	歯磨き	16.8
8位	ネット動画視聴	16.2
9位	ネットショッピング	13.2
10位	おしゃべり	12.6

バブル世代・男性【n=166】		(%)
1位	食事	60.8
2位	インターネットサーフィン	60.2
3位	家事	25.9
4位	メール	24.7
5位	SNS	15.7
6位	歯磨き	14.5
6位	ネットショッピング	14.5
8位	新聞閲読	13.9
9位	おしゃべり	13.3
10位	ゲーム	9.6

団塊世代・男性【n=167】		(%)
1位	食事	56.9
2位	インターネットサーフィン	41.3
3位	メール	28.7
4位	新聞閲読	25.7
5位	おしゃべり	12.6
6位	ネットショッピング	11.4
7位	家事	10.8
8位	SNS	7.2
9位	歯磨き	6.0
9位	ストレッチ・マッサージ	6.0

平成世代・女性【n=167】		(%)
1位	食事	67.7
2位	SNS	62.3
3位	家事	53.3
4位	インターネットサーフィン	50.3
5位	化粧	28.7
6位	歯磨き	25.7
7位	おしゃべり	22.2
8位	着替え	21.6
9位	メール	20.4
10位	ネットショッピング／ゲーム	各19.2

バブル世代・女性【n=166】		(%)
1位	食事	71.7
2位	家事	56.0
3位	インターネットサーフィン	46.4
4位	メール	36.1
5位	SNS	19.9
5位	ネットショッピング	19.9
7位	歯磨き	19.3
7位	化粧	19.3
9位	着替え	15.1
10位	おしゃべり／ゲーム	各12.0

団塊世代・女性【n=167】		(%)
1位	食事	65.3
2位	家事	50.9
3位	メール	28.7
4位	新聞閲読	24.0
5位	インターネットサーフィン	21.0
6位	歯磨き	20.4
7位	化粧	16.8
8位	おしゃべり	15.0
9位	着替え	12.6
10位	ネットショッピング	10.2

調査対象：ネットエイジアリサーチのモニター会員を母集団とするテレビを見ることがありスマートフォンを使っている以下の世代の男女
・平成世代（1989年～1999年生まれ）／バブル世代（1965年～1969年生まれ）／団塊世代（1947年～1949年生まれ）
調査期間：2019年3月15日～3月18日　調査方法：インターネット調査　調査地域：全国
有効回答数：1,000サンプル（平成世代334名、バブル世代332名、団塊世代334名）
実施機関：ネットエイジア株式会社
出典：「テレビ視聴・スマホ利用に関する世代比較調査2019」（株式会社ジュピターテレコム）

インターネットサーフィンは各世代で上位に位置しており、SNSは平成世代の女性で62.3%を占める。

|||| 視聴者が投稿しやすいPRの施策 ||||

- 公式SNSアカウントから事前告知
- 公式SNSアカウントから実況中継
- 公式SNSアカウントから視聴者へお題を投げかけ
- 公式SNSアカウントがリツートないしコメント

98

Webメディアへのアプローチ

記事になるまでの速度、ソーシャルメディア連携による拡散力が強いYahoo!ニュースを中心に考える

　現在、Webメディアでは、Yahoo!ニュースのシェアが他サイトを大きく引き離しています。Yahoo!ニュースの編集部には、300以上のニュースサイトから1日に4000本以上の記事が配信されているそうです。その中で採用されるのは、1日に100本だとのこと。

　もちろん、それらのニュースを提供しているメディアサイト（1次メディア）への掲載が第一目標となります。しかし、そこからYahoo!ニュースに転載されたとしても、さらなる情報拡散となるYahoo!トピックスに選ばれるのはとても狭き門です。

　その狭き門のYahoo!トピックスに選ばれるには、公共性と社会的関心の高い記事、市場および業界動向・消費者の興味・関心のトレンドを捉えた記事であることです。読者層が幅広いため、多くの人の関心を意識した記事が選ばれやすいということです。

　Yahoo!ニュースの特徴は、各記事のタイトルが最大14.5文字（半角含む）であること。そして、記事の後ろに関連リンクが貼られていることです。タイトルはYahoo!編集部が付け直し、関連リンクも目視で見つけていきます。

　ただ、Yahoo!ニュースがいくら強いとはいえ、スマホキュレーションアプリを無視できません。たとえば、「LINEニュース」は若年層向けのエンタメ系ニュースに強く、「NewsPicks」は経済・経営に重点を置いています。「SmartNews」や「グノシー」は独自のアルゴリズムで登録ユーザーの興味・関心に合わせた記事を配信し、好きなジャンルの深掘りができます。各サイトの特徴を踏まえ、自社が狙うターゲットに届きやすいネタやフレーズを工夫することが大切です。

‖‖ 主なWebメディアとその特徴 ‖‖

Yahoo! ニュース

- 300以上のニュースサイトから、1日4,000本以上の記事がYahoo!に提供されている。その中から編集担当が記事を選び目視で関連リンクをつけ、タイトルを付け直しトピックスに掲載している。
- 「ヤフトピ」はマスコミ目線でニュースを選択している。つまり、業界の専門的な情報やニッチな情報ではなく、社会性が高く、国民的な認知があるニュースだ。ビジネスパーソンやOLだけでなく、老若男女に至るまで届けることを目的としていることがわかる。「濃い内容」「業界のこと」はヤフトピにはないということだ。

LINE NEWS
NewsPicks
SmartNews
グノシー

- キュレーションアプリと呼ばれるこれらのニュース系アプリは、いまやそれぞれが1,000万以上のダウンロード数となり、大きな影響力を持つようになった。
- 独自のアルゴリズムで掲載する記事を自動化しているのが特徴であるが、押しなべてYahoo!と似たような記事になっている。
- LINE NEWSは10代、20代を中心に広がり、編集は人が実際に視認しながら行っている。

‖‖ モバイルニュースアプリの利用率 ‖‖

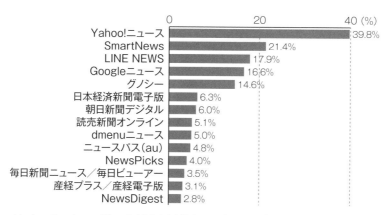

インターネットユーザー 4,102人にWebアンケート調査を実施（2020年4月13〜15日）した結果がこちら。ポータル系ニュースアプリは、トップがYahoo!ニュース（アプリ版）39.8％で、SmartNews（21.4％）、LINE NEWS（17.9％）と続く。

出典：2020モバイルニュースアプリ市場動向調査（株式会社ICT総研）

|||| 99　海外逆輸入型PR手法

海外でニュースとして取り上げられることを意図的に仕掛け、話題性からニュースになったところでSNSで拡散

　SNSで投稿されやすい話題をつくるPR方法として、海外から逆輸入するユニークな方法があります。具体例を見てみましょう。

　2020年のコロナ禍の日本、音響システムメーカーのヤマハは「リモートで試合の応援ができるシステム」を開発しました。自宅でサッカーJリーグの試合観戦をするサポーターがスマホを通じて声援や拍手、ブーイングなどを送り、スタジアム内に設置した多数のスピーカーでこれを再現するシステムです。

　ところが、Jリーグの公式戦が2020年7月まで自粛中の日本では、実際の試合でこのシステムが使用できません。そこでヤマハは、日本よりも先に公式戦が解禁された欧州各国のフットボールリーグがこれを導入して盛り上がりを見せている様子について、日本国内のメディアへプレスリリースを出しました。コロナ禍でのスポーツ観戦のあり方という話題性があったことから、ニュースを逆輸入する形で日本のメディアが紹介し、またたく間にSNSでも拡散されました。

　このように、**日本ではあまり知られていない商品やサービスが、海外の一部の国や地域で人気という話題はニュースネタとして取り上げられやすい**といえます。「海外で話題」というユニークさを訴求する逆輸入型のPRはメディアがニュースにしやすいからです。

　ただし、海外メディアへニュースリリースを出す場合、日本のものを各国語に翻訳するのではなく、各国の事情に応じてローカライズが必要です。また、ビジュアルや体裁で訴求する日本のニュースリリースに比べ、海外では詳細な説明を要することで文字中心という、そのつくり方にも違いがあります。

|||| 日本と海外のニュースリリースの違い ||||

●日本の場合

ページデザインが施され、画像も豊富でカラフルな見た目が特徴。
また、国によってタイトルの付け方、引きになるキーワードが異なる。

●海外の場合

文字中心で、読ませてユーザー
に伝える。

PR活動の効果指標はこれまで広告換算値が使われてきたが、適切な方法でないとの意見がある

　アーンドメディアは広告とは異なり、「価値のある情報をメディアに提供することで報道を獲得する」ことが主な役割です。そのため、広告の効果測定のような評価法がないのが実情です。PR・広報では、これまで広告換算値を効果指標として使ってきました。**広告換算値とは、報道として露出したテレビ・ラジオ・新聞・雑誌の放送時間や面積を広告の定価で購入したときの金額換算した値のことです。**

　テレビの場合、番組で商品が5分間紹介された場合は、15秒のテレビCMの広告費20本分（5分÷15秒）に、雑誌で2ページにわたって商品の記事が掲載された場合は、1ページ分の広告費用の倍の値に換算されます。

　ただし、テレビCMの広告費は単価が高いため、広告換算すると億単位になることも多く、現実的な効果とかけ離れることもあります。そこで広報・PR業界では、**広告換算値がPR活動の効果指標として最適かどうかが疑問視されてきました。**費用対効果が明確な点がメリットであるデジタル広告と比較すると、どうしてもPR活動の優先順位が下がりがちな理由はここにあります。

　では、PR活動はどうして行うのでしょうか。それは、アテンションの獲得のためです。カスタマージャーニーを思い浮かべてみましょう。ユーザーに商品やサービスに気づいてもらう、興味を持ってもらうために、テレビ、ラジオ、新聞、雑誌などのマスメディアやWebニュース等を利用するアーンドメディアは、非常に効果的な役割を果たします。そして、購買活動のファネルの最上部で、どれだけ多くのアテンションを獲得できるかが、多くのアクションに結びつくかどうかのカギを握ることは、これまでにも繰り返し述べてきたところです。

|||| 広告換算値のロジック解説 ||||

●テレビCMの場合

テレビ番組で商品がトピックとして紹介された尺を、テレビCMの広告費に換算して広告換算値を算出する。

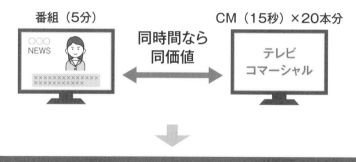

広告換算値が**1億円**、**2億円**といった億単位になる

本当に、
それだけの価値がある?!

PR活動の効果指標として、広告換算値は適切ではないのではないか、という考えがPR業界ではささやかれてきた。

おわりに

　本書では、デジタルマーケティングを進めるうえで実践的な考え方と再現性の高い手法を紹介してきました。ここに解説してきたことは、読者の方々にとって効果の高いアウトプットを効率的に出し続けることの一助になればとの想いで各項目を精査しています。

　ただ、企業やブランドによって、最適なマーケティング戦略はそれぞれ違います。トップマーケターであっても、マーケティング戦略を立てて実施、そして結果を見て分析して改善を試みるというプロセスを通じて、マーケティング課題ごとに試行錯誤しているのが実情です。

　そうしたなかで唯一言えることは、正しいプロセスを取りながらも、「正解を得るまで模索し、成果が出るまで継続し続けること」がどんな状況にあっても大切だということです。

　そうした覚悟を持ちながら、常に最新情報にアンテナを張り、自分のノウハウとして吸収できるようにしていくことが、デジタルマーケティングのスキルをさらに成長させていく秘訣でもあります。

　そして、「はじめに」で触れたように、人間の心理は普遍であるという原則は是非にも大切にしていただきたいと思います。

　最後に、読者の皆様のビジネスの成功を心よりお祈り申し上げますとともに、本書を執筆させていただく機会を与えていただいたカーツメディアワークス代表の村上さん、親身にサポートいただいた阿部さん、明知さん、叱咤激励をいただいた編集者の根本さんをはじめ、本書の企画に賛同しご協力いただいた皆様に厚く御礼申し上げます。

　2021年7月

株式会社カーツメディアワークス　石黒　孝昇

重要用語

CPA（Cost Per Action）
　顧客獲得もしくは見込み客獲得1人あたりのコスト。顧客獲得単価ともいう。

CPC（Cost Per Click）
　クリック報酬型広告におけるクリック単価。広告が毎回クリックされるたびに課金される。

CPM（Cost Per Mille）
　インプレッション単価。広告が1000回表示されるごとに1セットとして広告料が発生する。Milleとはラテン語で1000を意味する。

CTR（Click Through Rate）
　クリック率。ユーザーが表示された広告をクリックした割合。

CV（Conversion）
　Webサイトからの訪問者数増加や資料請求、購入などの目標に対する成果のこと。コンバージョン数という。

CVR（Conversion Rate）
　コンバージョン率。訪問者数からCVを割ることで求められる。CVRの数値が目標よりも高ければ、その流入元は成果が高いと判断できる。

KGI（Key Goal Indicator）
　重要目標達成指標。プロジェクトが達成すべき指標のこと。「Webでの売り上げを3カ月で20%伸ばす」のように、具体的な期間や数値を設定し、判断基準とする。

KPI（Key Performance Indicator）
　重要業績評価指標。目標達成のための過程をクリアできているかを計測する指標。

SEO（Search Engine Optimization）
　検索エンジン最適化。検索エンジンに上位表示させるための施策のこと。

UI（User Interface）
　ユーザーインターフェース。PCやスマホなどのデバイスで視認できるWebサイトのすべての表示面。初見のインパクトでユーザーの心を引きつけられることが理想。

UU（Unique User）
　ユニークユーザー。ある一定の期間内にWebサイトなどに訪れたユーザー、または訪問者数のこと。1人が何度も同じWebサイトに訪問してもUU数は1とカウントする。アクティブユーザーと同義。

UX（User Experience）
　ユーザーエクスペリエンス。PCやスマホなどでのWebサイトの閲覧や操作、利用感などにおいての感想や体験。Webサイトなどの見やすさや使い勝手の良さを表す用語。

Webマーケティング
　Webサイトを活用してコンバージョンを上げるための諸施策のこと。

アクティブユーザー
　UU参照。

アテンション
　ユーザーの関心を引きつけること。

インプレッション
　インターネット広告における広告の表示回数。

オウンドメディア（Owned Media）
　自社で運営しているメディア。自社ホームページやその中に載せる記事コンテンツなどのこと。

カスタマージャーニー
　認知（こんなのあるんだ）→興味・関心（なんか良さそう）→欲求（欲しいな）

→記憶（よし、商品名覚えたぞ）→行動（購入ボタンをクリック！）という顧客が購入に至るプロセスのこと。顧客が商品やブランドと接点を持ち、認知し、興味・関心を持ち、購入意欲を喚起されて購買や登録などに至る流れを"旅"にたとえ、顧客の行動や心理を時系列的に可視化したものを「カスタマージャーニーマップ」という。

コンテンツマーケティング
コンテンツ（情報の中身）を発信してコンバージョンを上げるための諸施策のこと。ホームページに代表されるオウンドメディアでの情報発信が中心だが、SNSや動画プラットフォーム、複雑な情報をシンプルなビジュアルで紹介するインフォグラフィックスによるものもコンテンツマーケティングとされている。

シェアードメディア（Shared Media）
Facebook、Twitter、Instagram、YouTubeなどのソーシャルメディア（SNS）に加え、消費者のクチコミが載ったレビューサイトも含まれる。最大の特徴は、情報の拡散が広範に及ぶこと。その反面、炎上のリスクもある。

タイムライン
自分が投稿したテキストや写真等コンテンツのこと。

タッチポイント
ユーザーと企業との情報の接点のこと。

デジタルマーケティング
インターネットやIT技術、AIなどのデジタル技術を活用したマーケティング手法の総称。

ネイティブ広告
掲載先のデザイン・体裁などを踏襲し、メディアやプラットフォームに自然に溶け込ませるようにした広告のこと。

ハッシュタグ
SNSの投稿に対する＃（ハッシュ）がついたキーワードのこと。

フリークエンシー
広告への接触回数。

ペイドメディア（Paid Media）
掲載費用を支払って掲出するメディア。純広告や記事広告などの広告のこと。

ページビュー（PV）
ウェブサイトの閲覧回数。そのページがどれだけ開かれたかという数値の合計値。

ランディングページ（LP）
検索結果や広告などを経由して訪問者が最初にアクセスするページのこと。

リスティング広告
検索エンジンでユーザーがキーワード検索をしたときに、検索結果に連動して検索結果画面の上下や右側などに表示される広告のこと。「検索連動型広告」とも呼ばれる。ユーザーが検索したキーワードに対応した広告が表示されるため、自社の商品やサービスに対して興味・関心のあるユーザーを獲得するのに有効。

リターゲティング広告
一度Webサイトを訪問したことがあるユーザーを「見込み客」と見なし、その後の行動を追跡しながら他のサイトに移ったとしても、そのサイトの広告枠に前に訪問したことのある広告が再び表示される広告。一度サイトを離れたユーザーに再び訪問してもらう施策のため、すでに広告主の訴求内容については知っていることからコンバージョンに誘導しやすいことが大きな特徴。GoogleとYahoo!のディスプレイ広告ネットワークの他、Facebook広告、Instagram広告、LINE広告がある。Googleではリマーケティング広告と呼んでいる。

株式会社カーツメディアワークス

PR戦略とデジタルマーケティングを組み合わせたクロスメディア戦略を得意とするマーケティング会社。「すべての人に『伝わる』喜びを」をmissionとし、テレビ・新聞・雑誌を中心としたマスメディアPRから、Web・SNSを活用したファンベースの構築・刈り取り型のダイレクトマーケティングまで、トータルでマーケティング戦略構築・実行支援・分析を行っている。(なお、これらの実績は毎週、公式サイトにて更新中)。著書『SNSマーケティング100の法則』『あたらしいWebマーケティングハンドブック』(日本能率協会マネジメントセンター)

公式HP：https://www.kartz.co.jp/

［執筆］
石黒 孝昇
1979年生まれ。株式会社カーツメディアワークス取締役。慶應義塾大学、PR専門のビジネススクールを経てPR会社入社。FOREVER21日本上陸時のプロモーションや大手自動車メーカー関連施設のPRなどの担当を経て、株式会社サイバーエージェントではデジタルPR事業の立ち上げ期に参画するとともに複数のメディア運営を行う。その後、カジュアルウェディングサービス「スマ婚」を提供する株式会社メイション (現タメニー株式会社)にてマーケティング部長として集客のデジタルシフトを牽引し広告費を半減しつつ集客を向上させ業績回復に貢献する。現職では、広報のDX化推進を行うと同時に、PRの効果を可視化すべくデジタルと連携した様々な取り組みを行う。PRSJ認定PRプランナー・アドテック九州 公式スピーカー。

［編集協力］
石川 守延 (株式会社サティスフィールド)
阿部 真季、明知 友希穂 (株式会社カーツメディアワークス)

図解デジタルマーケティング・ハンドブック

2021年7月20日　初版第1刷発行

著　者──株式会社カーツメディアワークス　© 2021 Kartz Media Works
発行者──張　士洛
発行所──日本能率協会マネジメントセンター
〒103-6009　東京都中央区日本橋2-7-1　東京日本橋タワー
TEL　03（6362）4339（編集）／03（6362）4558（販売）
FAX　03（3272）8128（編集）／03（3272）8127（販売）
https://www.jmam.co.jp/

装　　丁──岩泉卓屋（Izumiya）
本文DTP──株式会社森の印刷屋
編　　集──根本浩美（赤羽編集工房）
印刷　所──広研印刷株式会社
製本　所──株式会社三森製本所

ISBN 978-4-8207-2923-5 C2034
落丁・乱丁はおとりかえします。
PRINTED IN JAPAN

SNSマーケティング100の法則
すぐに始めたい人の導入法・活用法

カーツメディアワークス ［著］

四六判256ページ

Facebook、Twitter、Instagram、YouTubeなどSNSごとの特徴と活用法、ファンのつくり方、成果を生み出すための実践手法を100項目にわたり図解！

改訂2版
ネット広告ハンドブック
デジタル・アドバタイジング・コンソーシアム

徳久明彦
永松範之 ［著］

A5判296ページ

市場動向と関係各社の役割、ネット広告商品や手法、アドテクノロジー、業務フローと実務ポイント、効果測定など基礎知識から実践手法まで図解でわかる！

図解
オムニチャネル・マーケティング戦略

小河原光司 ［著］

A5判224ページ

実店舗とネットで売るのは当たり前の時代になった現在、さまざまなチャネルを最適化して最大の成果を上げる手法がオムニチャネル戦略だ。実務を図解する！

超図解5Gビジネス入門

岸本純子
岩田俊平 ［著］

A5判168ページ

超高速・大容量の通信規格5Gを支える技術、暮らしやビジネスへの影響、参入企業の動向、世界の潮流の中での日本の現状と今後を完全図解で詳説！

日本能率協会マネジメントセンター